창조문학대표시인선 · 208

빼기

청백 최옥근 시집

창조문학사

□ 시인의 말

"좀 어수룩하면 어떠냐. 우리 다투지 말고 순하게 살자."

살아온 날들과 나에게 손을 내밀어 화해를 청한다. 나는 참 늦되다. 세상을 알아가는 것이 참으로 버거웠다. 그러나 어쩌겠는가. 나의 하나님이 그리 만드셨으니 아무런 불평도 할 수가 없다. '바보스럽게 사는 것이 세상에서 제일이라' 는 흙냄새 같은 철학을 조금씩 깨달으며 살아가는 하루하루가 짜릿한 전율이다. 나는 오늘을 사랑하고 어린아이 마음을 사랑한다.

그래서 나의 시는 순하다. 아직 덜 여문 목화송이 깨물면 단물이 입안에 가득 고이듯 내 시에는 소년의 마음이 옹기종기 앉아 있다. 첫 시집을 내면서 지금까지 나의 모든 추억과 시의 그림이 되어준 고향, 벗, 가족에게 감사를 드린다.

또한 첫 시집을 내는 것이 두려워 머뭇거리는 나를 강권하여 첫 시집을 출간하도록 애써주시고 큰 바위 얼굴이 되어 주신 나의 스승 해송 이진호 선생님께 깊은 감사를 드린다.

첫 시집이 나오는 날, 결혼하는 딸과 그 손을 잡고 걸어가는 남편에게 이 시집을 깔아놓으렵니다.

청백 최 옥 근 시집

| 차 례 |

제1부 오래뜰

제2부 농약 주는 날

제3부 서귀포 바다에서

제4부 빗소리

제5부 나그네

제 1 부

오래뜰

나는 동산을 매우 좋아했다.
동산은 나에게 유일한 친구였고 놀이터였다.
동산 무덤에 기대어 들판을 바라보며 무수한 이야기를
주절주절 늘어놓았다.
지평선을 따라가면서 동화책의 주인공이 되곤 했던
그 어린 날이 선생님의 풍금 소리에 맞춰 파랗게 너울거린다.
동무들이 달려온다.

참으로 그리운 고향이다.

오래뜰

- 2012년 1월 예원문학 창간호에 실림 -

마당 끝
가마솥 위에 앉은 잠자리
가을이 물어다 준 햇살 끝에서 졸면
어머니는 수건을 둘러쓰고
도리깨로 콩 타작을 하신다

도리깨질에 한껏 흥이 난 잠자리
곱게 물든 날개를 펴고
고갯짓 장단에 온몸이 붉게 탄다

바람이 부는 방향을 따라
키질할 때마다 어느새
앞산은 노을로 가득하고
깃털구름 산 너머로 숨는다

아기송아지 명랑한 걸음으로
마당에 자리를 펴면
콩깍지는 아기송아지에게
콩알은 어머니에게 안긴다

텃밭 푸성귀 누이 손에 이끌려
밥상 위에 놓이고
지붕 위 박꽃
멍석에 모인 이야기를 듣는다

고향일기

내 고향 정든 밤은
쌔액쌔액 아가처럼 잠자다
동살 따라 갓 밝아오면
쭈욱 기지개 켜지요

한낮 들판을 뛰어다니던 꽃바람
하늘가에 해물이 들 제
해덧이 짧다 투정하며
제집으로 돌아가고

해거름에 검기울면
나뭇잎이 펼쳐놓은 이야기
지나가던 바람 솔깃이 엿듣지요

집집마다 오순도순 피어나는
하루 이야기에 밤은 언제나
새별로 가득하지요

푸른 들판이 있는 곳

노을은 시무룩해져 검푸른 바다에 드러눕는다.
도시에서 외면당했던 통증이 긴 울음을 토한다.
그 울음소리를 들으며
어릴 적 고향으로 마음이 앞서 간다.

동네 어귀에서 만나
이슬에 발목을 적시며 학교에 가던 아이들
저녁노을로 모자에 물들이고
자치기와 땅따먹기를 하던 아이들
개구리 뒷다리 구워먹고 힘이 솟아
들로 산으로 뛰어다니던 아이들
송사리와 우렁이를 잡고 강아지풀에
논 메뚜기 꿰어 매달고 신이 났던 아이들
썰매 타다 뒤로 자빠져 엉엉 울던 얼굴들이
그리움 되어 내게로 달려온다.

나의 고향, 백봉산[1]이 있는 곳 다시 가서
학교 운동장의 그네를 타고 시소를 타자.
운동회 날 콩주머니 던지듯 눈뭉치를 던지자.

---

1) 경기도 평택시 백봉리에 있는 산

동무들아, 아직 걸어갈 논둑길이 있고
무덤을 넘나들며 뛰어놀 동산이 있는
고향으로 달려가 철없는 아이처럼
우리 두 팔을 벌리며
푸른 들판을 달려보자.

친구

-2010년 서정문학 17호에 실림-

까막 고무신 신고
신작로를 달리며
햇살 한 움큼 쥐고
들꽃에 뿌려주었던
청초한 웃음

풍금 타고 흐르던
어린 교실의 잘잘한 소리
서리꽃처럼 하얗게
새하얗게 입을 모았던
은빛 약속

그 시절의 너는
노란 볏잎에 취한 메뚜기 같았다

점점이 보낸 세월
너는 나에게 아직도
소년의 푸르고 오롯한 알천[1)]

1) 재물 중에서 가장 값나가는 물건

어여쁘게 얄미운 풍경을 따라
나는 하루가 멀 듯이 즐거운 외식을 한다
그 곳에 너는 항상 내 모습 되어 있구나

들판

살랑살랑 꼬리 치는
꽃바람 유혹에
벌 나비 착착 부닐며[1] 희롱하고

엄마 찾는 송아지 발걸음에
놀란 송사리 떼 물풀에 숨어들고
논둑은 콩노굿 일어[2]화사하다.

남새밭 순이 엄마
수건을 풀고 너붓이 풀 섶에 앉아
갓난아기에게 젖을 물릴 때

싸리문을 지켜주던 순이 아빠
오늘은 뭉게구름 아래
그늘진 돗자리를 펴준다.

깃저고리 벗은 어린 벼잎들이
살근거리는 초롱초롱한 들판
나보다 웃자란
소박한 꿈이 익어간다.

---

1) 남에게 가까이 달라붙어서 고분고분 굴다 / 2) 콩의 꽃이 피다

길가에 앉아서

세월을 돌아서서 달려가
고향 냇가에 발을 담그고
오봉산[1]을 바라봅니다.

툇마루에 앉아 곰방대 문
외할머니 이야기 구름이 되고
지게 지고 논둑 길 걸어오는
아버지 걸음 냇물이 되어 흐릅니다.

토끼풀이 사이도 좋게
햇빛을 나눠 먹는 모습은
여름날 멍석 위에 앉아
수제비 먹는 옥이와 동생 같습니다.

어머니 아카시아 꽃이 되어
오봉산 꼭대기에서 손을 흔듭니다.

---

1) 경기도 평택시 청북면 토진리에 있는 산 높이 109.8m
고향집 마당에서 보이는 다섯 봉우리

구실[1]아이

-2012년 동인지 '초록을 만나다' 에 실림-

논둑길을 걸어서
새벽이슬을 맞으며 온 아이야

외시골 창호지 문구멍으로
반듯하게 밝아오는 갓밝이에
가슴이 우릿하여[2]
와뜰[3] 눈을 비빈 아이야
잉큼잉큼[4]가슴 뛰놀리며 달려온 너는
흰여울 같은 숨을 할딱이는구나

어린아이치고는 큰 아이들이
일부러 야당스럽게[5]
이를 악물고 을근거려도
너의 타고난 맑고 고운 마음은
큰 눈에 스스로 고인 눈물만
달래어 품는구나

네 날을 바라보는 내 마음은
부심이[6]를 입고 나들이 가던 봄날처럼
발걸음은 욜그랑살그랑 거려지고
얼굴은 산꽃처럼 발그레하게 달아오른다

어여쁜 아이야
나는 너를 번쩍 안아 올려서
무등[7]을 태워 들바다를 달리고 싶다

어머니가 저녁을 짓는 때
아버지는 소에게 여물을 먹이고
오래뜰에 앉아 아우들과
어우렁더우렁 놀고 있는 너를 바라본다

구실에서 태어나고 자란 아이야
너는 외시골 산꼭대기 예배당 종소리처럼
분명히 하늘이 아껴 사랑하는 갓맑은[8] 시인이 될 것이다

---

1) 경기도 평택시 청북면 백봉리 벽동 '벽동'의 옛 지명 / 2) 진한 감동을 느끼다 / 3) 깜짝 놀라
4) 가슴이 가볍게 자꾸 뛰는 모양 / 5) 태도가 매몰차다 / 6) 빨간치마 노란저고리의 봄나들이 옷
7) 목말의 방언 / 8) 조금도 다른 것이 섞이지 아니하게 깨끗하다

여름 들판

- 2012년 창조문학 여름 호에 실림 -

초록이 가득한 들판에 버포기들 제 자랑하면
개구리들 우습다고
팔딱거려요

파랑이 눈부신 하늘에 제트기 하얀 꽃길 만들면
참새는 신이 나서 종알거리며
뒤따라가요

피사리하는 아버지 이마에 맺힌 땀방울
착한 바람이 자분자분 다가와
부채질해 줘요

알곡을 꿈꾸는 여름 들판 마을을 향해
우리 아기 눈망울처럼
반짝거려요

마지막 여름지이[1)]

내 아버지의 이름은 여름지이였다.
할아버지로부터 물려받은 이름이었다.
아버지는 그 이름을 나에게 물려주려 하였지만
철이 들고난 후 나는 완강히 거부하였다.
그리고 도회지의 작명소를 찾아가 이름을 바꾸어 버렸다.
아버지는 들판에 이름을 걸어 놓고
매일같이 자라나는 삶의 이파리를 떼어내며
울음을 가슴속에 깊이 박았다.
그 울음은 땅 속으로 스며들어
한쪽 허리가 잘린 백봉산[2)]의 거름이 되었다.

땅 속까지 익을 듯 뜨거운 날
금세 꺼낸 묵은지처럼 고향을 지켜준 이름들은
뚫어진 멍석에 앉아 한 귀퉁이 떨어져 나간 밥상을 놓고
둥그렇게 앉아서는 수제비 한 그릇에도 기뻐 웃었지.

이제 그들은 포크레인에 몸을 맡긴 채
나를 두고 이 땅속에 묻히고 있었다.
바람은 숨을 죽이고, 하늘은 시커먼 눈물로
온 종일 비를 뿌리고 있었다.

---

1) 농사(농사짓는 일) / 2) 평택시 청북면 백봉리에 있는 산

구름을 읽다

손을 이마에 갖다 대고
눈 가늘게 하늘을 본다

삽자루를 어깨에 멘 농부
헤진 도랑을 기우러 간다고
장화 신은 발바닥을 두드리면
동쪽 하늘 끝에서
눈을 비비고 일어나는 양떼구름
봉숭아 꽃물들인 바람이
물결 옷을 찰랑거리며 찬찬히 따라나선다
참으로 눈부신 하늘이다

며칠 궂은 살림 앙상하게 젖어 있더니
햇살에 뽀송뽀송하게 말린
배부른 웃음으로 낮잠을 즐기다
느긋이 기지개를 켜는 오후

무엇보다 하루를 사랑했다고
산 중턱을 넘어오며 해거름을 향한 외침
닿을 듯 닿을 듯
노을과 뜨겁게 입을 맞추는 새털구름

"마을에서 알려 드리겠습니다. 내일 아침 여섯 시
덥기 전에 퇴비거름을 뿌릴 예정이오니
한 집도 빠지지 말고 마을 회관으로 나오시기 바랍니다."

일흔이 넘은 마을 이장님의 목소리
모두들 귀를 기울이고
내일은 '맑음' 이라는 하늘을 본다

가을걷이

하얀 구름
한 아름 품고 가는 하늘
새끼를 바라보는 어미 새의
풍요로운 눈짓처럼
나긋나긋하다

통통하게 영글어 가는
누런 곡식의 바다
한 여름의 품삯을 세고

검게 패인 주름 속에
웃음을 꽂아 두고 계시던 아버지
희망의 깃발을 푸르게
높게 흔드신다

청실홍실 엮은 햇살아래
깊숙이 숨어 있던 열매들
튀어나오는 소리 참으로
지독한 환호성이다

솔가리

가을 끝자락 붙잡고 서 있는 바람
조릿조릿 어쩔 줄 모른다

햇살은 노란 솔잎을 두드리며
주섬주섬 일어선다

추수 끝난 풍경 앞에서
이별을 맞이하는 늦가을이 더욱 노랗다

빈 마음으로 인연의 손을 놓고
쓸쓸한 바람을 덮어주는 마지막 불꽃이고저

그 탈색의 깊은 사유 앞에서
아직은 새순 같은 겨울이 순하게 웃고 있다

방구들을 데우고
구순한 사람들의 이야기를 생각한다

꽃처럼 피어나는 노을을 바라보며
나도 아궁이에서 하얗게 죽어간다

참외

텃밭에 참외들
파란 돗자리 위에서
노랗게 웃고 있다

누가 누가 더
예쁘나

해님이 쨍쨍쨍
채점을 한다

빨랫줄

오랜만에
해님 쏘옥
얼굴 내밀었네

아이 좋아라
모두 소풍 나왔네

이불도
수건도
티셔츠도 나왔네

빨랫줄마다 걸린 웃음
서로 인사하느라
팔랑팔랑 팔랑팔랑

실뜨기

실 하나만 있으면
온종일 심심하지 않아요

무릎을 맞대고
가만가만
조심조심 하다가

그만 실수를 하여
어어어어
쭈루루루
손가락 사이를 빠져 나가는 실

친구에게 토라졌던 마음
동생에게 욕심 부렸던 마음이
빵 빵 빵 웃음튀밥 되지요

학교에서 돌아오는 길

뙤약볕이 쨍쨍쨍
학교에서 돌아오던 아이들

"아휴, 덥다 더워!"
시냇물에 '풍덩 풍덩'

해님 미안하여
얼른 구름 뒤에 숨는다

울 선생님 1

울 선생님은
꼭 아기 같아요
돌아가신
아빠, 엄마 얘기할 때면
안경 너머 커다란 눈에
눈물이 대롱대롱 달려요

울 선생님은
꼭 개구쟁이 같아요
맨날 맨날
우리들보고 예쁘다 하시면서
왕 꿀밤 주고는
시치미 뚝 떼시거든요

울 선생님 2

울 선생님
눈은 개구쟁이
심심하다고 공책을 요리조리 헤집고 다녀요

울 선생님
입술은 요술쟁이
옛날이야기가 훨훨 날아다녀요

“선생님, 선생님! 옛날이야기 해 주세요.”
선생님은 허허허 고 녀석들
우리들은 까르르 까르르

날마다 시끄러운 우리 교실
구름이 지나가다 뭉게뭉게 웃어요

스승 1

어린 눈들이 모여
화명花明의 새날을
우러러 바라본다

아가방에서 노인정까지
이어지는 길 통틀어
스승이 계시다

그 스승은 앞에서 보아도
뒤에서 보아도
늘 흰빛이다

스승 2

스승은
배곧[1]을 사랑한다
모든 미적이가[2] 배움을 갈망하는
교실이든 동산이든 냇가든

스승은
길바닥에 누워 꼼짝 못하는
돌멩이 하나에도 다가올 내일을
바라보는 것이다

스승은
까막구름이 햇빛을 가려도
또바기 하늘마음[3]으로
계절 사이사이를 들여다보며
세월의 낟알이 튼실하게 여물도록
눈길을 떼지 않는 것이다

스승의 그림자에는 항상
울민한[4] 눈물이 어려 있다

가르침과 배움의 관계를 오르내릴 수 있도록
거룩하게 꼿꼿했던 그 균형이
이제는 생나무 피워대는
매운 냄새에 휘청거리면서

처음 교실 문을 열고 바라본
그 빛났던 현기증은
울기 되어[5] 달아오른다

아해야, 스승은
맛문한[6] 씀씀이로
이새는[7] 오늘일지라도
네 가슴에 품어 골잘[8]까지
통틀어 으뜸인 것이다

1) 배움이 있는 모든 곳의 순우리말 / 2) 생물의 순우리말 / 3) 한결같이 맑고 고운 마음 / 4) 마음이 답답하고 괴롭다
5) 얼굴에 불그레하게 오르는 열기 / 6) 몹시 지쳐있는 / 7) 잎이 시들어 낙엽이 되다 / 8) 억만을 뜻하는 옛말. 즉 영겁

벗

-2012년 1월 예원문학 창간호에 실림-

밀물처럼 밀려오는 한낮 무더위
하얗게 굳은 침묵을 뚫고
산새 한 마리
찰방찰방 계곡물 밟는 소리

거님길[1] 바위 옆에 자리를 펴고
도롬도롬 모여앉아 얼굴 마주 보며
새살 거리는
산수국의 소풍 이야기

하오의 나긋한 은빛 시어들이
초록 꽃물 뒤에서
숨바꼭질한다

1) 산책로의 순우리말

가을밤

- 2012년 1월 예원문학 창간호에 실림 -

별빛이 한 움큼씩 떨어지는 밤
귀뚜라미 별 주워 먹는 소리에
뜰이 환하다

어머니 흰 고무신
곤히 잠든 아이를 지키고
솔빛 두른 푸른 바람
뒤꿈치를 들고 지나간다

툇마루에 쪼그리고 앉아
배부른 하품을 하던 보름달
슬며시 대추나무에 기대어 코를 곤다
휘청, 달빛에 가지가 휘어진다

밤하늘

1

달물결 출렁이는 하늘
호젓한 고요가
아리도록 찬연粲然하다.

빛깔 고운 풍경
내 어릴 적
동무들의 재잘거리는 소리가
한 덩이 그리움으로 하얗게 밀려와
흥건히 젖는다.

2

별꽃이 창창한 하늘
명랑한 전아典雅가
햇물 같이 화사하다

흘러간 날들의 추억이
달빛에 업혀서
어둔 하늘을 헤엄쳐가고
순한 바람은 앙글대며
별바라기 즐긴다.

풍경

-2010년 서정문학 20호에 실림-

짓궂은 햇살
어린 잎사귀에 다가가
간지럼을 태울 때마다
그만 터지고 마는 울음을 보고
조각구름으로 재빨리
얼굴을 가린다

써레질하던 아재는
아지랑이 희롱에
못 이기는 척 밭둑에 앉아
옹기종기 모여 앉은 이야초[1] 로
반지를 만들어
새참 내온 아주매 손가락에
꽃반지를 끼워주고는 멋쩍어
머리를 긁적이는데
황소는 못 본 척 고개를 돌린다

---

1) 제비꽃

치맛단 말아 올리는 바람이
혼자 맴을 돌다가
꽃망울 터지는 비명에 놀라
황소 꼬리에 매달리는 떨림
아껴 보고 싶은 날이다

삐리기[1]

우리 집 뒷산 풀이 연한 무덤에는
달짝지근하게 배동오른 삐리기가 많아
한나절 해동무 구름결 사이로 머뭇거리고
금오산 자락의 옛 그리운 소년은
멀리 자울자울 불서러운 고개만 끄덕입니다

흘러가는 하늘의 구름을 따라서
마안히 뉘누리 감쳐도는[2] 눈시울
삐리기 하얀 속살을 입 안 가득히 물고
산꽃같이 그리운 나의 소년 봄 이야기를
맘 곱게 들어 달라 서리서리 뿌리옵니다

1) '삘기'의 경기방언 (띠의 새로 돋아나는 이삭) / 2) 끝없이 소용돌이쳐 감기어 돌다

산딸기

여름이 깔아 준
갈매[1] 수풀 속에서
농익은 산딸기가
나를 기다리고 있었다

솔솔바람은 볼을 쓰다듬고
그리웠던 마음을 동친 채
서로를 바라보며 한참을 서 있었다

덩굴을 헤집고 달려온 산딸기
어느새 치마는 빨갛게 물들어 있었다

---

1) 짙은 초록빛

별

-2010년 서정문학 20호에 실림-

땅거미 자박자박
걸어오는 소리에
깜짝 놀란 노을은
재빨리 산 넘어가고
빠끔히 열린 어둠 틈새로
별들이 고개를 내민다.

푸른 안개 입은 쑥 내음
풍성한 가마솥에 잠기고,
제주 사투리를 닮은 수제비
하얗게 젖은 사연을 피워낸다.

멍석에 둘러앉은 별들이
꼴깍꼴깍 침을 삼킨다.
별들은 수제비를 먹고
나는 그 별들을 먹는다.

배불러 오는 순박한 졸음에
별들은 살이 찌고,
발목까지 흘러내린 한 여름 밤의 꿈은
날개 없이도 바람을 탄다

제 2 부

농약 주는 날

유년의 날이 아리다.
아버지를 일찍 여의고 어머니의 울음을 두르고
아우들의 시린 손을
잡고 살았던 날들,
그 살아온 날들이 한없이 고맙다.

내 날들에 바치는
나의 작은 선물이
되길 빈다.

농약 주는 날

-2011년 창조문학 가을 호 등단 시-

아침 일찍
농약통을 짊어진 어머니는
전쟁터에 나가는 군인 같다

우리 논 위에
뭉게구름이 피어나
어머니 머리 위에
그늘을 만들며 맴을 돈다

뜨거운 날에 일하시는
어머니를 보고
하늘나라에 계시는 아버지가
구름타고 오셨나보다

할아버지 울음

할아버지는
겨울 한 철만 빼고는 술을 드셨다
술을 드시면 사랑방 문을 열어놓고
처음엔 갓난아기 옹알이
그다음에는 도돌이표
그다음에는 지휘까지 하시며
우시는 것이다

할아버지는
무대에 선 주인공이 되어
노래와 지휘와 관객을 멋지게 해내시고는
흐뭇한 눈물을 흘리시며
순한 아기가 되어 주무셨다

할아버지의 울음은
오래 전 삼월 어느 날 밤
자신이 건넨 마지막 막걸리를 마시고
시퍼렇게 죽은 내 아버지가
관도 없이 학교 가는 길 산자락에
급히 묻히던 그날부터 시작되었다

할아버지는 죄인이 되어
자신의 아들 애모쁜[1] 이름을
입안 가득히 물고 넘기려다가는 게우고
또 넘기려다가는 다시 게우곤 하셨다

할아버지는 내 아버지보다 삼십 년을 더 사시다가
같은 산에 묻히셨다, 소나무 뒤 멀찌감치에

1) 그립고 애틋하다

두 분 할머니께

아버지의 어머니
어머니의 어머니
나의 할머니 두 분

어찌 그리도 무심하신지요
가신지 사십 년이 넘었건만
한 번도 오시지 않는지요
가고 싶어도 갈 수 없어서
꿈에서나 만날까 간절한 맘 고이고
두 분 할머니를 기다려도
아니 오시어 서늘히 돌아서곤 합니다

그곳이 손주를 잊으실 만큼 좋으신지요?
제 아버지는 만나셨는지요?

흰 눈보다 더 하얀 웃음으로
안아주시던 그 어린 날의 모습으로
달려가면 마중은 나와 주시렵니까?
나이를 먹어 주름이 자글거려도
전 언제나 두 분 할머니께는
재롱둥이 손주입니다

논둑길을 가로질러 달려가면서
"할머니" 하고 부르면
"아이고, 내 강아지 왔구나!" 하시며
꼬옥 품어 주시던 품속이
밥물이 끓어 솥 밖으로 새어나오듯
보고픈 그리움이 가슴을 뚫고 빠져나오려
목울대를 밀어내고 있습니다

으악새 초근히 아즐대는 이 밤
눈가를 타고 흘러내리는 꽃잠을
두 분 할머니 젖가슴에 누이고
고단한 침을 마음껏 흘리고 싶습니다

외갓집 뜨락

앵두나무
새색시 볼처럼 붉어지면
옥잠화는 그늘에
백일홍은 햇볕에 자리를 펴고

풀벌레 울음에
감나무에 살이 오르면
외할머니는 평상에 앉아
만두를 빚고
놀러온 별들이 입맛을 다신다

세월의 긴 강을 건너
담장을 들여다보니
나의 아이들이 솔깃
외할머니 이야기를 듣고 있다

우리 아배와 엄니

-2012년 1월 예원문학 창간호에 실림-

우리 아배와 엄니
구메농사 지으며
무엇이 그리 좋은지
김매다 얼굴 한 번 쳐다보고
땀 닦다 또 한 번 쳐다보고
얼굴엔 웃음이 송글송글 맺혔지요.

우리 아배와 엄니
꽁보리밥 새참 먹으며
무엇이 그리 좋은지
아배 입에 열무김치 넣어주고
엄니 입에 풋고추 넣어주고
서로 바라보다 얼굴이 빨개졌어요.

아버지의 지게

-2012년 창조문학 봄 호에 실림-

내 엉덩이만한 짚방석을
살포시 깔아놓고
"앉아 보아라. 어때 괜찮나?"
고개를 끄덕이며 말끄러미 아버지의 얼굴을 쳐다보았다
"자, 다리는 양쪽으로 걸치고 여기를 꼭 잡아야 한다.
놓치면 떨어지니까 단단히 잡아라.
이제 서울 구경하는 거다. 이 얏 차!" 하시며
작대기를 짚고 힘차게 일어서셨다

"서울이 보이지?"
"그럼요. 남산도 보이고, 빌딩도 보이고, 기차도 보이네요.
그런데 사람들이 왜 저리 많대요. 저 사람들 다 뭐 하고 산대요."
킥킥거리며 난 웃었다

"자, 이젠 어린이 대공원이다!"
아버지는 호랑이, 사자, 여우, 원숭이 흉내를 내시며
뱅글뱅글 돌면서 지게 춤을 추셨다.
"아버지, 그만 해요. 어지러워요!"
"허허허, 이제 서울구경 다 했나 보구나."
"아버지, 내가 어른이 되면 아버지 태워줄게요."

아버지는 "허허허 허허허. 아! 글쎄, 우리 아이가 어른이 되면
내게 서울 구경시켜 준다네요. 얼씨구나 좋구나!"
나도 따라 "호호호 호호호. 얼씨구나 좋구나!"

아버지 등에 업힌 불안 없는 나무의 흔들림
그 균형에 내 웃음이 맘껏 날아오르던
저녁 들녘 지금도 눈시울이 흠뻑 젖어오는
내 유년의 날, 하얗게 굽이쳐온다

아비傳

아이야,
참으로 돌아가는 길 멀기만 하구나
포동포동한 저 보름달
네 얼굴처럼 탐스러워 밤새 바라만 본다

네게 주려던 왕방울 사탕 하나
사랑스러워 하도 조몰락거렸더니
네 웃음 알록달록 손바닥에 붙었구나

창호지 문틈으로
십 리 길을 달려오는 너의 눈빛
달빛보다 더 곱구나

아버지

뜨거움이 여문 여름이 되면
그리움은 식은땀으로 몸살을 앓습니다.

쓰르라미 긴 울음, 어린 날이
가슴을 긁어대니 숨 쉬기도 버겁습니다.

아스팔트 익어가는 검은 더위
아버지 가시던 날 바람처럼 말이 없습니다.

"뜸북뜸북 뜸북새 논에서 울고"
"백마강 달밤에 물새가 울어"

그 오랜 침묵을 뚫고
아버지 노래가 들려옵니다.

볼 위로 흐르던 논길 청량한 풀빛
잠자리가 황홀히 색동놀이를 합니다.

나의 어머니

가을해 넘어갈 때
어머니 갈퀴를 들고
몰래 산 담장을 넘는다

황금빛 솔가리가 쌓인 뒷산
마음은 앞서 가
아궁이에 불을 지펴 밥을 짓는다

바람이 스치자
소스라친 어머니
멋쩍은 웃음 무명치마로 덮는다

해는 기울고
빈 지게를 지고 내려오는 어머니
산지기가 뒷짐 지고 바라본다

엄마꽃이 외롭구나

오늘도
질긴 기다림 속에
문틈 사이로 비쳐드는
별빛 그리움으로
허기진 가슴을 채운다

푸르스름히 주름진 기억 하나
핏줄처럼 일어나
문고리를 움켜잡는다

평생을 자식 걱정 하나로
양식을 삼던 사람
절대로 잊지 말고
뼈 속에 새겨야 한다는 말이
등줄기 휘어진 부끄러움 앞에
오금을 못 펴고 주저 앉는다

젖꼭지 물리고 다독이던 숨소리
생생이 향기한데
세월이 꽂아 준 엄마꽃
홀로 멀어진다
"엄마, 엄마, 우리 엄마, 오래 살아야 해"
슬픈 이명, 땅거미처럼 흐른다

부부

-2012년 1월 예원문학 창간호에 실림-

아빠가 술 드시고 늦게 들어오면
“아휴, 술 냄새”
엄마는 코를 막고 손을 내젓는다

“미안, 미안. 우리 마님이 오늘따라 왜 이리 예쁘지
어디 보자, 우리 각시 맞나.”
엄마는 곱게 눈을 흘기며
아빠의 팔을 살짝 꼬집는다

아빠의 말 한마디에
엄마의 마음이 풀리고
엄마의 고운 눈 흘김에
아빠의 고단함이 다 풀린다

첫날밤 같은 풍경이 간지러워
따라오던 달빛 그만 커튼 뒤로 숨는다.

둥지 속 새끼처럼 아빠를 품은 엄마
아빠의 어깨는 맘껏 코를 곤다.

중년, 남자

버스 정류장에서 한 남자가 새벽바람을 맞으며 담배 한 개비를 입에 문다 훅~하고 내뿜는 연기가 그 남자의 어깨에 어둠처럼 내려앉는다 그 어디에도 기댈 곳이 없어 보이는 고단함이 연기처럼 뿌옇게 밀려와 소용돌이친다 얼마쯤 지났을까 가슴에서 무언가를 꺼낸다 아주 작은 흑백사진이다 귀퉁이는 닳아 없어지고 군데군데 얼룩진 얼굴을 귀한 보물인 양 남은 기억을 가지고 자꾸 문지른다 상실된 저 너머 아득한 얘기들 속에서 한 젊은이가 웃고 있다 너무 낯선 까닭에 긴 한숨의 꼬리가 야윈 미명만 길게 잡아당기고 있다 노란색 조끼를 입고 길바닥을 쓰는 노인의 등으로 구부정한 바람이 남자를 툭 건드리자 퍼뜩 정신을 차린 남자는 옷깃을 올리며 버스에 올라탄다 차창 밖에서 어머니와 아내와 딸이 영화의 마지막 장면으로 다가오고 저녁에 마주할 가족과의 밥상을 생각하며 추운 새벽을 달래는 중년의 그 남자는 우리 모두의 연인, 첫 사랑인 것을

달도 가버린 밤

아우야,
자정 넘어 달리던 숨 가빴던 길이 있었지
어머니 앓는 소리 꺼억꺼억 뒤따라오고
어둠속에서 부엉이는 울고 있었지
불안한 별들은 발걸음 재촉하고
숨찬 가슴 두드리며
마주 보던 어린 눈망울
초저녁에 떴던 달도 가 버리고
너는 내 손을
나는 너의 손을
그렇게 꼭 잡고 있었지

어미장이1

아가야, 내 아가야
파란 하늘빛 눈을 가진
고운 아이야
어제는 꽃빛으로
네 옷을 지었구나

오늘은 네 옷을
가지고 나가 앙상한
숲 우듬지에 입혀주었지

아이야, 내 아이야
향기로운 마음을 가진
해초빛 내 사랑아

네가 있는 곳에는 언제나
밤이 들고 나가듯 고요히
어미의 그림자가 늘 맑게
간절히 서성인다

내일은 네가 어미가 되는 날이구나

어미장이2 (딸, 아들에게)

하늘을 보아라
낮엔 해처럼
밤엔 별처럼
오롯이 네가 사는
배곧 어미 잃은 애소리[1]에게
뽀얗게 보드라운 소리 먹여주기를

바다를 보아라
낮엔 해초처럼
밤엔 등대처럼
드넓고 푸르른 됨됨이를 품어
울음 고인 일그러진 어린 가슴에
웃음 방울꽃 아그데아그데[2] 달아주기를

계절 사이사이 고요히 숨쉬는
낮과 밤을 기억하고 가을걷이를 마친
그느한[3] 농부처럼 생명을 어루만져주는
맘보자기 실다이[4] 넉넉하기를

그음없이[5] 온전한 내 사랑아!

너희가 살아가야 하는 날을 위하여 어미는
한 날 한 날
낮하늘 밤하늘 우러러
숨으로 나오는 이 간절함을
곱게 짓이겨 깨끗한 제물로 불사른다

온 하루를 모두에게 기뿌주고[6]
돌아가는 너희 발자국마다
입 맞추고 삭는 꿈을 꾸는
어미는 아까움 없이 즐겁다

1) 날짐승의 어린 새끼의 순우리말 / 2) 열매 같은 것들이 잇달아 매달린 모양 토박이말 / 3) 모자람이 없다 의 순우리말
4) 진실하게 / 5) 한이 없이 / 6) 나누어 주다의 토박이말

청백의 초상

경기도 평택시 청북면 어연리에 가면
작은 초등학교가 있다
아침이 밝아오면
산길을 따라 한산리 율북리 아이들이
들길을 따라 백봉리 어연리 아이들이
약속이나 한 듯이 모여들었다

운동장에서 만난 아이들
반가워 팔짝거리는 모습
햇살 머금은 물비늘처럼 반짝였다

놀다가 토라져
입을 삐죽거리고
싸우며 울기도 하지만
기차놀이 하면서 우르르
넘어져 깔깔대며 뒹굴었다

그렇게
여우비에 비거스렁이[1] 같은 아이들이
밤하늘을 바라보며
큰 별 작은 별이 되는 꿈을 꾸었다

할머니와 함께 사는 승희도
다리가 많이 불편한 은철이도

반장인 영민이는 은철이의 가방을 들어주고
부반장인 지혜는 승희와 단짝이 되어
(우리 모두의 이름이었다)
어느 한 쪽 어깨가 기울지 않도록
어깨동무를 하면서 그렇게 자랐다

옛날이야기로 아이들 배꼽이 아프도록
웃게 해 주신 우리 선생님,
지나가는 아이마다 머리를 쓰다듬어 주시던
할아버지 같은 선생님,
눈 뭉치를 몰래 등어리에 넣고
시미치 떼시던 장난기 많으신 선생님,
서울 집에 다니러 가실 때마다 동화책을 사다가
교실 뒤 책꽂이를 가득 채워 주셨던
엄마 같은 선생님,
잊혀지지 않는 선생님들의 모습은
창호지 문구멍으로 들어오는 봄 햇살처럼
언제나 눈이 부시다

선생님보다 더 큰 사람이 되고
깨지지 않는 단단한 사람이 되어서
훗날 기쁘게 만나자 하신 말씀은
높이 날 수 있는 날개가 되었고
초칠을 한 마룻바닥은 언제나 반질반질
복사꽃처럼 붉게 빛이 났다

아버지가 다녔고, 내가 다녔고,
아들과 딸이 다녔고,
지금도 손주가 다니는 그 곳이
이젠 참으로 멀리 있구나

언젠가 물기 마른 나뭇잎처럼
몸 가벼워져 하늘로 돌아가면
먼저 간 아이들과 함께
어린 날의 풍경을 잡고
평택 애향가를 실컷 불러 보리라

---

1) 비가 갠 뒤에 바람이 불고 시원해지는 일

스무 살 겨울에

가난이 누워있는 나의 방안에
창호지 문구멍으로 햇물결이 들어와
허기진 맘을 잦추르며[1] 와짝 일으켜 세운다

베고 있던 구인 광고지
입을 앙다물고 눈을 흘긴다
라면만 먹고도 뚝섬 원단은
오달지게 잘도 뒹굴며 나오는데

나는 고향의 두엄이 되어
논밭에 뿌려지고 싶은 맘이
굴뚝의 연기처럼 피어오르던
서럽게 추웠던 겨울
내 스무 살의 윗목이다

---

1) 잇달아 재촉하여 바싹 몰아치다

큰 바위 얼굴

유년시절
읽고 또 읽었던
'큰 바위 얼굴'
나도 어니스트 같은 사람이 되고 싶다고
설렘으로 가득했다

스스로 선택해야만 하는 갈림길에서
갈등에 빠지게 되면,
희망의 끈을 꼭 붙잡고
기다림을 즐겼다

희끗희끗 주름진 웃음 사이
노을이 물든 고요한 길에서
이제는 한 발 뒤로 물러설 수 있는
여유가 찰랑거릴 때

점점 그 윤곽이 뚜렷해지는
어린아이의 가장 순한 눈을 보았고
빨갛게 익은 고추 빛 노을로 가득히
채워지는 빈 가슴을 보았다

그건 바로
기도와 말씀에 가슴을 베이는
깨달음이었다

갖고 싶은 이름

-2011년 동인지 '헬레나의 시' 에 실림-

가지가 부러진 나무에게
얼마나 아프니? 라고
말해주는 사람

절룩거리는 강아지를 보고
품에 안고 쓰다듬어 주는 사람

공원에 돋아난 냉이 한 포기를 보고
기뻐할 줄 아는 사람

화단 매화꽃 주위를 맴도는 벌을 보며
겨우내 얼마나 갑갑하였을까
헤아리는 사람

별것 아닌 것을 보고도 좋아라고
환하게 웃어주는 사람

눈 흘기는 사람에게도
상냥하게 인사를 건네는 사람

거저 주는 것만으로
흡족하여 배부른 사람

그런 아름다운
이름 하나 갖고 싶습니다.

겨울과 시인

바람에
눈부시게 시린 마음을 빼앗기고

매서운 눈초리에
눈 한번 맞추지 못한 채
바람의 칼을 맞으면서도 웃는다

손끝을 물고 겨울빛에 기대어
장날 어머닐 기다리는 어린애 같이

겨울하늘 끝에 매달려
차라리 산산이 흩어지고자
온몸을 비틀며 제일 차갑게 나는
바람에 손을 뻗는다

가장 뜨겁게 울기 위하여

시인

그는
실타래처럼 뒤엉킨
생각을 풀며 글을 쓴다
시의 언어를 찾아
하얗게 굳어버린 기억을
흔들어 깨운다

고독한 나무 한 그루에
걸터앉은 햇살을
눈이 붉도록 바라보면서

바람은
언어를 물어오고
그는 오디 빛 건반이 되어
세상을 연주한다

자화상

-2011년 동인지 '헬레나의 시' 에 실림-

봉선화 꽃물 든 그늘 아래
겨울밤 초승달처럼 파란 눈빛
젊은 날 정신을 놓고 날아가 버린 아버지가 서성인다

나뭇가지를 밀치던 당당한 햇살
뒷걸음치다가 돌아서서
뒤돌아보지 않고 달린다
허기진 어머니와 아우가 뒤를 따라간다

비명조차 지를 수 없었던 통증 알갱이들
흑백사진 옆에 쪼그리고 앉아
살아온 날들의 이야기를 아이에게
들려주는 어머니

아이는 여며두었던 설움을 모두 꺼내어
손바닥 위에 올려놓았다.
슬픔의 날에 기쁨이 하나 놓여 있고
울음의 날에 웃음이 한 방울 떨어져있다.

겁먹은 어눌한 날에 대하여
반질하게 다림질해 놓은
여유로운 주름 사이로
아침을 깨우는 새소리가 들리고
늦게 만난 詩가 곁에 앉아 있었다

인생길

-2011년 동인지 '헬레나의 시' 에 실림-

모래밭 길 걷다보면
다리에 힘이 빠지고
유년의 소꿉놀이도
하얀 조가비로 흩어져 버린다.

가시넝쿨 우거진 인생길 걸으며
북풍이 손잡고 가자하면
시린 손 내밀어 주고
아름차니 바위산 넘으라 하면
맨발로 걷겠다고 바람을 와짝 베어 물었다

밤길이어도 좋다.
아무것도 보이지 않으면
잠시 소나무에 기대어
바람의 소리나 듣겠다

모래밭 길만 걸었는가
바위산만 넘었는가
밤길만 걸었는가
살아온 길이 저마다 아름아름
고개를 내민다

웃고 울던 수십 년의 날
봄을 보내고 긴 장마를 건너고
이제 가을걷이를 기다린다

난 좋기만 한 걸요

엄마는 내가 아빠 닮아서
겅중겅중 걷는다고 놀리고
아빠는 내가 엄마 닮아서
노래를 못한다고 놀려요

아무리 놀려도
겅중 걸음 아빠 닮아서
노래 못하는 거 엄마 닮아서
난 좋기만 한 걸요

중년

- 2010년 서정문학 17호에 실림 -

밤낮없이 갈무리를 위해
도리깨질 하는 자아
허기진 주름이
아기의 배고픔 같은
긴 투정을 한다

마른기침 같은 시간이
생선가시 되어
군더더기 뱃살을
콕콕 찔러 대는데
아픔은 저만치 가 있다

이제
내 젊음 앞에
서서히 물드는 저녁놀

섬세한 비명으로
젊은 밤을 새웠던
초록빛 떨림은
먼 손짓을 하는데
저려오는 갈빛 통증만이 남아
온몸 구석구석을 주무르며
피돌기를 한다

송편

-2010년 문학광장 겨울 호에 실림-

새악시 볼우물에
부끄럼 곱게 담은
첫날밤 같은 풍경

꽃자리에 누운 듯
마음도 고옵다

풀벌레 투정에
솔잎 두른 하얀 속살
모락모락 김 오르고
배고픈 별빛 그 눈들이
입맛을 다신다

제 3 부

서귀포 바다에서

제주는 내 중년의 설렘이다.
무슨 말이 필요하겠는가.
아무도 고치지 못했던 내 가슴앓이를
고쳐준 명의다.
제주에서 시를 만났다.
처음엔 경계의 선을 걸으며 어지러워 멀미도 했지만
이제는 제주의 빛을 소리를 즐길 줄 아는
마음 따뜻한 제주 사람이다.

제주의 이야기가
한없이 사랑스럽다.

서귀포 바다에서

무명치마폭 물결이
낙엽 되어 뒹굽니다

눈물 한 입 깨물어
꿀꺽 삼켰지요

아버지가 밀려가고
잊었던 이름들이 몰려옵니다

눈물 크게 깨물어
한껏 삼켰지요

구름에 걸린 바람이
슬프게 간질이고

삼킨 회한이 후두두 떨어져
포말로 하얗게 젖습니다

하루의 풍경은 떠나고
하려던 이야기는 나와 함께
서귀포 바다에 잠겼습니다

산등성이를 바라보며

겨울에서 봄으로 아픔이 하얗게 솟아오른
골짜기에 숨어 흐르는 물이 차갑게 명랑하다
나뭇가지에 하얗게 핀 눈송아리 한 입
베어 물고 서럽게 짜릿하여 저 멀리 보이는
절벽을 타고 오른다
등 뒤에서 들려오는 오늘을 위해 차려진 만찬의 웃음소리가
맛깔스럽다 순간, 새벽같이 차가운 구름이
밀물로 달려와 가슴에서 떨어지지 않고 붙어 있던
까끌까끌한 뜨저구니[1] 끌어안고 둥개질한다
한라산 눈부신 햇살 사이로 내 고향 봄날 햇병아리
텃밭에서 모이 쪼아대고 서리꽃 이야기는 쟁글쟁글
산등성이를 뛰어넘는다

1) 심통의 토박이말

여름 새벽을 품고

푸른 만찬이다
모든 언어를 잃어도 좋으리

청포도 빛이 화목한
새벽이다!

소리치는 나의 입술이
부끄럽다 부끄럽다 부끄럽다
차라리 눈을 감자

살아 있다는 것
살아간다는 것
그 의미의 말들이 자꾸
내 눈꺼풀을 뒤집는다

부끄러워 말자 아껴 품어 안자
그래 용기를 내어 깨끗한 맘으로
하늘과 나무와 새와 바람을 불러 모아
온 마음으로 새라새롭게[1] 우릿한
모뽀리[2]를 시작하자
아, 나는 감히 사랑을 말한다

---

1) 새롭고 새롭게 감동을 주는의 순우리말 / 2) 대합창의 순우리말

사랑이 찾아온 날

내 작은 정원에
누가 다녀갔나요
알록달록 모둠꽃밭
심장 안에서
메뚜기 한 마리가
명랑하게 뛰어다녀요

설렘 들킬까 봐
시치미를 떼고
옹알이를 하면서
먼 하늘을 쳐다보았지요

들풀 시샘에 겨워
이슬 뒤집어쓰고
빰 비비는 소리에
저고리 섶 안 숨어 있던
사랑 씨앗 두 톨
그만 소스라쳐 봉긋 솟는
샛맑은 수줍음이어요

바람 한 점에 그만
웃음이 흘러넘쳐
길옆 나무 옆구리를
괜스레 건드려보고
깨금박질로[1] 뛰어도 보는
새구럽게[2] 푸르른 날이지요

1) 앙감질의 전남 방언 / 2) 눈부시다

백록담 가는 길

- 2012년 동인지 '초록을 만나다' 에 실림 -

백록담 가는 겨울 안개 자욱한 길
아침 해 빨갛게 놀라치게 솟아오를 때
빈 나뭇가지마다 눈송아리 청사초롱 켜들고
떠나버린 당신은 올 리야 바이[1] 없는데
가슴 뛰게 그리워지는 얄미운 심사는
자꾸만 자꾸만 눈설레칩니다

울멍진 떨림을 밟고 덧없이 기대어 보는
빛이 새하얗게 반지르르한 고부랑길
정갈하게 사이좋은 나뭇가지 사이로
고새 소나기 노드리듯 쏟아지는
햇살의 눈부신 외누다리[2]에
슬뮈운 섟[3] 새파랗게 놀라 달아납니다

1) 아주 전혀 / 2) 넋두리의 토박이말 / 3) 싫고 밉게 솟구치는 감정

즐거운 제주

왕벚나무 꽃 청사초롱 밝히는 날
들러리 선 꽹가리, 장구, 징, 북
얼굴이 붉도록 즐겁구나

고운 바람은 들로 바다로
이랑이랑 넘실대고 서로
어깨 맞대며 걸어가는
투박한 말씨 실다이[1] 정겹다

새하얗게 명랑한 제주
온빛깔 총명하게 푸른
착한 봄을 두르고
빛너울 밟고서 널뛰기 한다

돌담길마다 '혼저 옵서예, 제주 마씸[2]'
즐거운 인사가 꾀꼬리빛
색동화관으로 찰랑거리는
제주, 그 본새는 착한 능[3]이다

---

1) 진실하게의 토박이말 / 2) 어서 오십시오. 제주입니다의 순제주어(존칭어) / 3) 넉넉한 여유이다의 순우리말

참돔 맑은 국

노란 양은 냄비
가스 불에 올려놓고
삼다수를 붓는다.
신바람 난 불꽃

끓는 물에
무 썰어 넣고
한번 휘 저으니
냄비 안은 금세
하얀 꽃밭

소금과 청양고추 들러리 세우니
연미복 입은 참돔 한 마리
축가에 맞춰 뜨거운 춤사위
꽃들과 한 몸이 되었다

냄비 안은 마지막 불꽃 잔치
웃음 한 방울 더하니
온몸을 휘감는 전율
그래 산다는 게 바로 이 맛이야

제주의 계절

- 2011년 4월 11일자 천지일보에 실림 -

꽃이 피고
산새들이 날아오고
고사리가 자라고
사람들이 동그랗게 손을 잡고
서로의 얼굴을 바라보면

바람은 꿈을 꾸고
나무는 청년처럼 튼실해지고
마음은 말간 물빛처럼 순해진다

산 주름이 많은 길
주름마다 꽃물을 들이고
서러운 세월을 다독인다
그것을 바라보는 바다의 눈은
한없이 너그럽고 잔잔하다

귤밭에 앉았던 바람이
창을 열고 들어오면
이방인들은 귤꽃 향기에 감전되어
경계를 무너뜨리고 행복에 겨워 진저리를 친다

순하디 순한 제주의 계절
돌담과 바람과 까마귀는 어깨동무를 하고
푸르게 달린다, 한라산이 깃발을 흔든다.

사월, 한 날

햇살은 명랑하게 호듯호듯
하늘은 드맑아 새구러운[1] 날
오롱조롱 모여 돋은 어린 속잎
물비늘처럼 앙글대고

우리 아가 아슬한 첫걸음
뒤뚱거리며 넘어지던 날
어여쁘게 호습던[2] 웃음 한 덩이
풀밭에 뒹굴며 노닐고

가만한 바람 살가운 섶비빔질[3]에
맘 자그러워 볼 안 웃음 그만 툭,
새 한 마리 푸른 알리움[4] 깃을 펴고
높이 날아오른다

1) 눈부시다의 순우리말 / 2) 매우 짜릿하면서 즐거운 느낌의 토박이말 / 3) 풀이 바람에 어긋 비벼지는것
4) 좋은 징조

공원에서

팔딱팔딱
줄넘기하는 강아지
콕. 콕. 콕
글씨 공부하는 비둘기

엄마 손잡고
뛰어놀던 아가
쪼그리고 앉는다
꽃잎이 살며시 따라 앉는다

긴 나무 의자에 앉아
졸음 먹은 할아버지 얼굴에
스물스물 기어 다니는 웃음
할머니 꿈을 꾸시나 보다
지나가던 바람 살금살금 다가와 '까꿍'
비둘기 '파드득' 날아간다

고운 날

유월구름 사이로 고개 내민
청빛 햇살 나뭇잎 간질이고
뽀얀 사과꽃 재미있어
함빡함빡 웃음 물고
연두빛 바람 사알살 걸어오네요

호-이 호-이 호-이-이

순한 유월이 오늘에야 사랑을 만나
향기한 희롱을 입에 물고 휘파람부니
한낮이 부끄러워 함뿍 빨개졌어요

까마귀

- 2011년 한국문학정신 42호에 실림 -

뉘 집 귀공자이더냐
연연한 햇살도 푸르른 구름도
우듬지에 고요히 숨어 본다

오래도록 보랏빛 그늘에
촉촉이 젖은 네 몸매는
순이슬 같이 영롱하여
찬란하게 더욱 슬프다

억만년의 울음이
뺏속까지 사무쳐
오늘도 까-ㄱ 까-ㄱ
저 만치 높이 설운 사무침이여!

바다

젖은 쪽빛
어부의 전설을 줍는
출렁임

만선의 꿈을 싣고
밀려오는
금빛 하늘 아래

뽀얗게 물든 메밀꽃
그 흔들림이
물빛 그림자로
아질아질하다

바위섬 갈매기
날개를 펼 때마다
해초는 이브의 알몸으로
춤사위를 한다

숲길

- 2011년 창조문학 가을 호 등단 시 -

새하얀 웃음이
살포시 감도는 날

초록빛 바람 아삭아삭
나뭇잎 밟는 소리가
상쾌하다

아가 보올 닮은 햇살
앙증앙증 뒤따라오다
그만 보랏빛 그늘에 넘어져
잉잉대며 엄살부린다

아빠나무 무동 타고 놀던
산새, 까르르 까르르 재미있단다

일몰

명랑한 쪽빛을 잡으려고
바다를 힘껏 달린다
섬세한 물결 떨림
촉각이 간지럽다
바람이 놀라고
갈매기도 날개를 접는다

먹기보다
높이 날기를 갈망했던
갈매기 조나단의
고독했던 지난날이
일몰로 지고 있다

파랫빛 햇살로 가득한 하늘이
가짓빛 꽃거품 바다에 누워
스러져가는 것을 보는 눈시울이
왜 이리도 쓰고 매운가

만삭의 몸을 푸는
울창한 한낮의 소란함이여
저 바다 햇덩이에 누워 평안하소서

제 4 부

빗소리

봄, 여름, 가을, 겨울 틈새를 뛰어다니며
계절을 즐길 줄 아는
순한 어린 아이가 되고 싶다.
계절이 주는 넉넉한 여유를 가지고
마음 곱게 물들이며,

살아 있는 모든 것에게
새끼손가락 걸어 화목을 약속한다.

빗소리

- 2011년 창조문학 가을 호 등단 시 -

토독 토독
목마른 나뭇잎
물 마시는 소리지요

후둑 후둑
꽃밭의 꽃들
잎사귀 뒤집으며 청소하는 소리지요

빗소리에
신이 난 텃밭 호박 줄기
조롱조롱 애호박이 열려요

봄 동산

- 2011년 창조문학 가을호 등단시 -

바람이
살랑살랑 그네를 타요

햇살이
나풀나풀 춤을 추어요

새싹이
또옥또옥 순이를 불러요

순이
바구니에 나물이 가득 담겼어요

소년의 봄

별이 노랗게 영근 한나절
무덤가에 앉아 멀리서 알른대는 봄빛
오색 물안개 나풀거리며 가슴을 뮈운다[1]

아득한 도시가 호젓한
두려움으로 긴 연기를 뿜으며
지나가다가 새순 돋는 소리에 놀라고

쓸쓸하게 어스름한 내 가슴엔
서럽게 눈부신 아버지 이야기가
끝내 여울로 흐른다

---

1) 감동시킨다

봄비

화단이 말갛습니다
하늘은 뽀얗게 수줍어 조르락 조르락
새알심 같은 빗방울만 튕깁니다

죄다 용서하고픈 깨끗한 날입니다
지나간 슬픔이 자근자근 다가와
미안하다 고개 숙입니다

두세 날이 지나면
화단엔 순한 새순이
직박구리 불러 모으겠지요

첫새벽에 찾아든 소리
갓맑은 깨달음입니다

봄맞이

- 2012년 한국문학정신 44호에 실림 -

비단실 나부끼는 발그레한 햇살같이
솔보득이 호릇호릇 얄푸른 애두름[1]같이
띠앗머리[2] 손잡고 무지갯빛 춤추며
새구럽게[3] 웃고 싶은 날

나들이 나온 색동바람 빛너울같이
살님네[4] 그리운 밋밋한 마음결같이
매오로시 낮과 밤을 간절히 뮈우는[5]
그 마음결에 꾀꼬리 울바자 에두르고 싶은 날

---

1) 낮은 언덕 / 2) 형제간의 우애 / 3) 눈부시다 / 4) 사랑하는 이 / 5) 감동을 주는

오월

- 2011년 동인지 '헬레나의 시' 에 실림 -

눈부신 햇살을 타고
내려온 오월

골목마다
목련 그늘 아래
라일락이 자리를 편다

어린 아들은
하얀 도화지에 보라색 꿈을 그리고
터앝[1]에 뿌린 씨앗들은
들바람이 열어주는 길 따라
화려한 외출을 하고

너와 내가 하나 되었던
꽃길이 그곳에 숨어 있었다

1) 집 울타리 안에 있는 작은 밭

아침 합창

-2011년 한국문학정신 43호에 실림-

저기 좀 봐
와, 참새들이 온다

저기 좀 봐
와, 제비들이 온다

저기 좀 봐
직박구리와 비둘기도 오네

우리 합창단원 다 온거지
지휘봉을 든 까치 신이 났다

참새들 소프라노
제비들 알토
직박구리들 테너
비둘기들 베이스

피아노 반주 없이 한다. 시~작
짹짹짹 잭잭잭 꾸꾸꾸 구구구

매화

-2011년 한국문학정신 41호 등단 시-

이른 햇살 눈웃음에
매화의 볼이 붉지요

벌들의 날개짓에
놀래어 꽃망울이 터지지요

직박구리, 박새가 봄을 물고 날아와
꽃물이 더 짙어졌어요

행여 꽃잎이 떨어질까
오래오래 바라봅니다

장마

며칠째 집나간 해 때문에
하루하루가
흠뻑 젖은 채로 흐르고 있다.

먹장구름 지나가는
짓궂은 날씨
빗줄기를 바라보던 아버지
논둑 터질까
담배만 연신 피워댄다.

하루가
늘어난 고무줄처럼 길기만 하다.

어느 여름 날

-2010년 서정문학 20호에 실림-

싱싱한 수풀 속에
비밀의 화원

더위를 유혹하는
찔레꽃 향기 숨바꼭질에
청버섯은 고개를 내밀고

귓가를 간질이는
갈매바람 희롱에
맘을 빼앗긴 오후

갈라진 논바닥 같은
어머니 기침소리가
풀-섶에 누워
오랜만에 깊은 잠을 잔다.

여름

벼 포기에 살이 오르고
나무의 눈썹이 짙어지고
들판이 푸르게 눈부시다

풀밭에 앉아
새참 먹는 사람들
수저에 얹어 먹는 이야기
차진 고봉밥처럼 수북하다

막걸리 한 사발에
삼베바지 걷어 올린 장딴지는
장마도 가뭄도 두렵지 않다

산은 들판을 바라보고
들판은 산을 바라보며
사이좋게 익어간다

여름밤

-2012년 창조문학 봄 호에 실림-

앙칼지게 울어대는 괭이 소리에
놀라 일어나 앉는다

모기 한 마리 방안에 꽉 찼다
모기약을 들었다가 다시 눕는다

가난한 살림살이 그래도
줄 수 있는 것이 남아 있어
다행이다

아침

- 2011년 동인지 '헬레나의 시' 에 실림 -

마주 보이는 산봉우리
새품[1] 가득 안고 달려오는 소녀같이
꽃 안개 치맛자락이 하늘거리고

앞마당 백일홍 꽃잎마다
몰래 담장 넘어온 별꽃이
조롱조롱 박혀있다

풀포기 사이
짝을 찾는 개구리 울음 소리에
화들짝 눈을 뜬 이슬

동살 잡힌 굴뚝마다
밥 짓는 웃음이 땡그랑 땡그랑
갓맑은[2] 파란 종소리다

1) 억새의 꽃 / 2) 조금도 다른 것이 섞이지 아니하게 깨끗하다

새털구름

새파란 하늘에
햇살을 입에 물고 고요히 흐르는
하얀 구름

논둑길 걸어오는
송아지 배부른 울음같이
어린 새의 날개짓같이
새하얗게 맑아라

사뿐히 지나가는 하얀 발자국
행여 지워질까 보고 또 보았네

햇발이 꽃물을 먹은 날

-2012년 창조문학 봄 호에 실림-

햇발이 꽃물을 먹은 날
화단의 나무들은
사랑을 노래한다.

풀 위에 누운 강아지
즐거운 기지개를 펴고

햇무리구름 해초 향기한
바다에 포옥 잠긴다

꽃바람이 파랗게 손을 흔든다
석류꽃이 볼우물 물고 웃는다

이런 날은 나도 꽃으로
필 듯 해

소낙비

마른 햇살에 금이 간 여름
토끼 눈처럼 붉다

금이 간 자리마다
울음으로 가득 고이고

하늘과 땅이 까맣게
두려운 징을 두드린다

자궁이 열리는 그 찢기는 아픔
탄생의 환호성이 찬란하다

잠시 숨이 멎은 듯 고요하더니
어린 구름이 하얗게 웃는다

바람은 꽃물결을 타고
햇살은 미안한 가슴을 쓸어내린다

오랜만에 듣는 여물은 웃음소리
산동네 다랑이 논이 파랗게 손을 흔든다

이슬

-2017년 한국문학정신 43호에 실림-

이파리마다 물방울이
조로롱 조로롱

아기 새 눈 비비고
코오콕 코오콕

밤새도록 어미새가
짜 놓은 젖물이어라

버들가지

고개 숙인 버들가지
연못에서 세수하며
물빛 거울로 요리조리
얼굴 비쳐볼 때

짓궂은 바람이 같이 놀자고
툭툭 건드리면

수줍은 듯
고개만 끄덕끄덕
어제 시집 온 새언니 같아요

아카시아꽃

조각 무덤들이 모여 사는
아담한 산에는
아카시아 꽃송아리들이
비단햇살처럼 정가롭다

눈을 감고 코를 벌름거리는 순간
땅과 하늘의 이야기가
흰빛으로 태어나
선한 하늘길에 섬섬히 놓이고
그 길에 깔린 향기를 밟는
바람의 발자국을 바라본다

중학교 일 학년 음악 시간
강당에서 마주친
소년의 새파란 떨림처럼
내 목줄기가 지그럽다[1]

꿀벌을 배불리 먹이고
서나서나[2] 시드는 싱싱한 죽음
드맑은 무위해탈[3]이다

---

1) 무엇이 살에 닿아 간질이는 느낌 / 2) 조금씩 서서히 / 3) 심신이 소멸됨. 즉 열반

잃어버린 가을

바람이 찍어 놓은 발자국을 따라
하늘을 돌아다니는 구름이 천진하다
저희끼리 부딪혀 까맣게 멍이 들었다가
바람에 떠밀려 엉엉 울다가 흐느끼다가 햇볕을
붙잡고 나와 나들이하는 잠자리 날갯짓에 그만
산드러지게 흩어진다 가을이다

가을이면 늘 찾아와 놀아주던 동무는 왜 아니 오는가
하늘은 변함없이 푸르고 집 앞 드넓은 벌방 벼 바다는
눈부시게 풍만한데 멀리 걸쳐있는 물기 어린 산봉우리
짙게 쓸쓸하다 가난하면 오려나 나는 세련으로 치장한
몸맵시를 일 바지로 바꿔 입고 가난을 삽질하며 떠나버린
메뚜기와 황새를 기다린다 탐스런 노을이 스러질 때까지
배부른 죄를 벌겋게 터뜨려 묻는다

늦가을에 내리는 비

몰록[1] 하늘이 불서럽게 울어댄다
햇살보다 더 붉게 는실난실거리던 꾀꼬리 단풍
달롱하여[2] 가치노을같이 떨어진다

참새 떼 매달려 노닐던 전깃줄 햇살
초근한 걸음으로 막새바람[3] 따라가면서
마음 겨운지 보랏빛 구름사이로 바재인다[4]

1) 갑자기의 토박이말 / 2) 별안간 놀라거나 겁이 나서 가슴이 울렁거림 / 3) 가을에 부는 선선한 바람
4) 어쩔 줄 모르고 머뭇거리다

가을1

저마다 붓을 든 시간
화선지에선 묵향이 은은한데
산골 물은 발끝을 들고 흐른다

달개비 꽃물 든 하늘은
고추잠자리 느낌표 아래
갈피마다 갈바람으로
잔뜩 채워진 도서관이다

아, 가을이다

그늘 한 줌,
그 청명한 소름이
새파랗게 몰려와
자지러지게 웃는데

덜 여문 목화를 깨문
새하얀 비명이
살 오른 웃음을 안고
나에게 안긴다

가을2

촛불 켜놓은 서재에서
창문 안을 들여다보는
눈과 마주쳤다

후회조차 찬란한 순간으로 남을 것 같은
푸르게 깊은 눈빛
아, 그다!

쿨룩쿨룩
아청빛 어둠이 뿌옇게
잔기침을 해 댄다

귀뚜라미 울음 따라
찾아 온 그리움

이런 날은 그를 위해
첫날밤처럼 가슴을 열어 주고픈
유혹에 빠진다

하늘도 웃으실 하얀 불륜
처녀성의 비밀이 열리는 날이다.

가을3

내 서재에 묵향 빛너울로 오신이여
당신이 오셨던 그날 이후로
산꽃같이 달아오른 마음 여미고
애두름길[1]을 하룻날이 저물도록
오던없이[2] 깨금발로 뛰어다니며
천진한 놀이를 했지요

당신이 가야 할 날에 대하여는
아예 얄궂게 잊었지요

이 얼마나 사랑스럽게 명랑한 섞인지요[3]

1) 낮은 언덕길 / 2) 철없이 / 3) 솟구치는 감정

단풍

여름을 보낸 바람이
돗자리를 펴놓고
긴 하품으로
드러누운 오후

가지 끝
떨리는 눈빛으로
서로 마주보던 이파리
흥건히 젖는다

홍시 빛 햇살을 쪼면서
사랑을 마중 나온 장끼 한 마리
산골 물 재잘거리며
뛰어 내려오는 소리에 놀라
퍼드득 날아오르는
순간,

산은
비명을 지르며 가을을 터트린다

가을 빛

두 팔을 크게 벌립니다
푸르렀던 계절이
색동웃음을 띠고 다가옵니다

어머니 따라
뒤란으로 들어 온 햇살이
비워있는 항아리마다
산내들의 익은 향기를
차곡차곡 담습니다

차깔스럽게 굳어있던 마음
부끄러움에 홍시처럼 붉습니다

가을 빛 풍성한 화관이
어머니 머리위에서 차랑거립니다.

가을이 오는 소리

도리깨질로 콩 타작하던
고향 마당에 잠자리 떼 춤사위
또렷또렷 보이네

감나무 그늘 밑에서
옹기종기 공기놀이하며
봉숭아 꽃물 같이 웃던 아우들
내 눈 자락에 그렁그렁 하네

지금 그곳엔
허수아비 두 팔 벌려
들판을 지키겠지

가을이 눈 뜨고
이렇게 바람이 부는 날이면
주소를 적지 않아도 편지가
도달할 것 같은 내 고향
푸르게 옹알이를 하네

가을밤

별빛이 한 움큼씩 떨어지는 밤
귀뚜라미 별 주워 먹는 소리에
뜰이 환하다

어머니 흰 고무신
곤히 잠든 아이를 지키고
솔빛 두른 푸른 바람도
뒤꿈치를 들고 지나간다

뒷마루에 쪼그리고 앉아
배부른 하품을 하던 보름달
슬며시 대추나무에 기대어 코를 곤다
휘청, 달빛에 가지가 휘어진다

씨앗

잎사귀 눈물이다
연두에서 짙게 푸르러
단풍으로 떨어지는

하얀 심장 소리다
눈물이 영글어 겨울
시루 속에서 익어가는

착한 가난이다
짜릿한 기쁨이 푸르게 열리며
새봄을 안고 달려오는

생명이 태어난다 다음에도 그다음에도
다툼을 모르는 여름은 나무가 되고
숲이 되고 씨앗이 되고

손돌이바람

-2011년 한국문학정신 42호에 실림-

계절보다 앞서 온 손돌이바람[1]
늦가을을 깨운다.

얼음처럼 차가운 성깔에
파르르 몸을 떠는 나뭇잎
가을과 소꿉놀이 하던 쑥부쟁이
서둘러 떠날 채비를 한다

언덕빼기 잔솔가지
잔기침을 할 때마다
앙상한 손짓하니
심통 부렸던 날이 부끄러워
두 눈을 가린다

텅 빈 들녘
뒤울이[2] 붙잡고
겨울나기를 부탁하는 회한
눈물 끝에 맺힌 웃음이다

---

1) 음력 시월 스무날께 부는 몹시 추운 바람 / 2) 북풍

살살이꽃[1]

-2011년 동인지 '헬레나의 시' 에 실림-

밤새도록 내린 비에
온 몸이 휘청거렸다.

밤새 추웠는지
아침 햇살에 몸을 말리는
꽃들의 눈빛이 축축했고

어머니가 나를 낳을 때
진통처럼
길가는 붉은 피로 흥건하였다.

산꼭대기 삿갓구름이
생그레 눈웃음 칠 때
여기저기 널브러진 마늘 냄새
수건을 두른 아주매들 손길이
바람보다 빠르게 움직였다.

석류꽃처럼 자글대는 바다
달리는 차창을 향해
오랜만에 맘껏 웃을 수 있겠다.

---

1) 코스모스의 순우리말

눈길

-2012년 한국문학정신 44호에 실림-

몇 년쯤 살았을까
아니 몇 십 년쯤 살았을까
어쩌면 어제 만났을지도 몰라
노부부라 하자
나란히 손잡고 느릿느릿 걸어가며
내 몸 위 하얀 배경을 새겨놓는 발자국
씽씽이[1] 불던 첫사랑처럼
푸르게 새구럽다

얼마 후에는 눈석임되어
질퍽하니 누군가에게 몰개[2]치듯
눈 흘김을 받을 것을 알기에
야짓[3] 이 순간
오직 노부부의 이야기를 듣는
순은의 길이고저

1) 하모니카의 순우리말 / 2) 파도의 순우리말 / 3) 통틀어

그 겨울의 과거

새파랗게 아프다
두 눈을 부릅뜨고 교실까지 찾아와
가난하게 떨고 있는 어린소녀를 향해
날카롭게 던지던 비린 웃음이
아직도 밤하늘에 총총히 박혀있다

어머니 기침 둥둥 떠다니는 요강을
교실바닥에 쏟아붓던 그 얀정 없는 계절
겨울은 미쳤다

무엇이 그리 못마땅한지
벌겋게 달아올랐다가
퍼렇게 부릅뜨더니
허옇게 게워내기 시작했다

처마 밑 시래기에 눈시울을 닦고
이제 그만 잊으려는 나를
끌어다가는 무릎을 꿇게 하고
땅바닥에 고개를 박게 했다

끝내,
부끄럽다 부끄럽다 하던 나는
여전히 윗목 요강을 들고
어머니 해수咳嗽를 받고 있었다

겨울 산중

-2010년 서정문학 20호에 실림-

눈발이 적막하게 솜옷 짓듯 한 겹 한 겹
두툼하게 쌓이는 것은 배부른 배암
느슨한 잠을 자면서 서럽게 짓붉은 원죄
그 얼은 독을 따뜻하게 풀어주고 싶기 때문이다

내 안에도 독이 퍼렇게 두꺼운데

나무들이 빈틈없이 제 몸을 곧추세워
두리번거리는 것은 사납게 짓궂은 산 밖
얀정[1]없는 소리로부터 아직은 내몰리지 않은
어리고 발랄한 미적이[2]들을 살뜰히 지켜주려는 것이다

내 안에도 천진하게 명랑한 것이 있는데

그렇게 흰 눈이 흐뭇하게 포개어
쌓이는 것은 봄을 기다리는 여리고
순한 것을 위하여 덮어주는 것이라고
부엉이 노루가 쪼그리고 앉아
봄을 향하여 겨울보다도 더 차갑게 아프게
느꺼운 소용돌이 몰개치는[3] 이미 끊어진 지
오래된 해산의 통증을 길게 잇는다

때가 되면 산은 제 몸의 온기를
고스란히 발산하여 겨우내 잠자던
산속의 이야기를 흔들어 깨우겠지

내 안에도 나뭇가지에 앉아 재잘거리고픈 이야기가 있는데

두렵게 깨끗한 밤을 베고
따뜻한 얼음 속 산천어의
이야기를 들으며 먼 길을 떠난다

---

1) 정의 순우리말 / 2) 동물과 식물을 통틀어 일컫는 순우리말 / 3) 어떤 느낌이 사무치게 일어나 파도치는 순우리말

겨울잠

눈이 와서
일이 없다고
잠을 자는 아빠 얼굴에
찬바람이 지나간다.

우리 아빠도 겨울에는
아기 곰처럼
겨울잠을 잤으면 좋겠다.

제 5 부

나그네

나의 알몸이다.
소년의 날 어느 겨울
온 세상이 흰 눈으로 뒤덮인 들녘을 바라보며
약속했었다.
나를 가난을 부끄러워하지 말자고.
나에겐 지켜야 할 어머니와 아우들이
있다고
나를 잘 지켜온 나에게 그날들의
이야기를 보여줄 수 있으니

참으로
고마운 일이다.

나그네

-2011년 한국문학정신 41호 등단 시-

소나무 다옥한 사이로
청버섯 동긋이
포돗빛 그늘에 숨어서
키를 늘리고

어디선가 들려오는 산새 소리에
풍경이 속속 푸르고
잡풀을 헤치며 걷는, 저 나그네

오늘은 몇 개의 산을 넘어야 하나
지친 발걸음
풀빛에 흠뻑 젖는다

이별

-2011년 한국문학정신 41호 등단 시-

열꽃이
가슴 위에 쌓이고
말없이
걸어가던 푸른 침묵
동짓날
지푸라기 떨 듯 해

사춘기
변성기 여드름 터짐처럼
울퉁한
울음이 푸르고 붉고
도토리
낙엽위에 뒹굴 듯

어쩌지
못하는 이유를 물고
처마끝
고드름처럼 허공에 매달려
애끈히
얼음 바닥을 긁는다

바람, 보드랍게 불어오니

-2010년 서정문학 20호에 실림-

가지 끝에 앉은 새처럼
조마롭던 눈빛
마침내, 은은해진다

헤진 시간을 다시 꺼내어
터진 솔기마다 박음질하니
다듬이질한 옥양목이다

오랫동안 너에게 눈길을 주지 않은 것을 서러워 마라
내 생이 다하기까지
너를 동치어 침상에 누이고
몸서리치게 사랑하리라

얼음처럼 파랗게 가난했던 날들아
너를 뜨거운 내 심장의 갈피에 끼워놓고
향기롭게 애무하리라
시간이 한쪽 눈을 찡긋한다

바람에 주름진 볼을 내어주며
'모든 죽어가는 것을 사랑해야지'
그 시인 곁에 오랫동안 머물러 있었다

시험공부

우리 할머니는
대학생

노인대학에서
제일 공부 잘한다고
엄지손가락 내미신다

내일은
한글 시험 보는 날

방바닥에 엎드려
공부하는 할머니

금세 잠을 먹고
코롱코롱[1]

---

1) '쿨쿨' 제주도 말

흉내 내다가

멍멍이 가족들
소풍을 간다고
멍 멍멍 멍 멍멍

신나서 노래 부르네

샘이 난 아기 돼지
나도 가고 싶다고
꿀 꿀꿀 꿀 꿀꿀

시끄럽다고 야단만 맞았네

들꽃 아이들

아름다운 지역
아동 센터 뜨락에는
들꽃들이 모여 삽니다.

비가 오는 날에는 온 몸이
눈물이 됩니다.

바람이 부는 날에는 온 몸이
생채기가 납니다.

들꽃들이 쪼그리고 앉아
오들오들 떨고 있으면

"얘들아, 이리 오렴. 사랑해!"
아동센터 선생님이
꼬옥 안아주고 사랑을 발라줍니다.

들꽃 얼굴에는 금세
엄마 젖 먹은 아기처럼
웃음이 조롱조롱 열립니다.

베짱이와 개미

칼날 같이 추운 날
개미를 찾은 베짱이가
"여름 내내 널 위해 만든 노래집이야"

개미는 베짱이 손을 잡고
가는 허리 수줍게 힘을 주며
"여름 내내 널 위해 채운 곳간이야"

우리는 오랜 세월
서로 사는 방식이
다르다는 이유만으로
등 돌리고 살았지만

다르다는 것이
틀리다는 것은 아니였지
채워진 곳간이 있고
노래가 있으니
하나가 되는 기쁨
겨울도 이젠 문제 없어

전율

오늘 아침 아낌없이 바람은
어리석은 내 얼굴을 쳐다보며 지나가는데
첫 울음 새로운 날을 안겨준 내 아가 옹알 웃음이
산만하게 아느작거린다

눈으로 가슴으로 몰록[1]
몰개치는 눈물 그 위로 내 아가
아장아장 걸어와 품 안에
안긴다

무채색으로 뜨겁게 서럽기만 했던
오랜 내 가난이 오늘 아침엔
소나기 노드리듯 즐거운 비명을 물고 푸르게
흥얼거린다

시의 널판을 뛰어오르는
아, 온 마음 호수워[2]

---

1) 갑자기의 토박이말 / 2) 긴장되고 짜릿하다의 중부지역 토박이말

산 밑에 사는 밤

<강진군 옴천면 월곡리를 생각하며>

말이 없다 서른 집 가슴에 마침표가 뭉쳐있어 까만 점이 크게 적막하다 절반은 가끔씩 깜박이기도 한다 고독에 무덤덤하던 산 밑 밤이 웬일인지 그에게 다가와 희롱하는 별을 품어 안는다 꼿꼿하던 나무들도 몸을 비틀며 서로 눈시울 어린 눈빛을 보내더니 순간 자석처럼 달라붙어 얼굴을 부빈다 밤마다 내일, 또 내일에 대한 이야기로 허허로움을 달래던 슬픈 고집이 한순간 잘게 부서졌다 그동안 산 밑은 밤이 지나면 빈집이 하나 둘 생겨났다 어느새 열다섯 집이 되었다 듬성듬성 그 빈집은 밤이면 바람이 대문을 열어준다 불빛이 희미한 방문이 삐걱대며 열린다 문고리 잡은 홀어미 시간 넘겨 멀리서 미안스럽게 걸어오는 늙은 총각 아들 발자국 없는 아린 소리를 바싹 마른 뼈 줄기 넝쿨을 길게 더 길게 뻗어 숨 답답하게 끌어안는다 헛것이다 개가 짖다가 주름 잡힌 기침이 난무하다가 고요하다 우물가 자배기 물 노부부 졸음 오는 간지러운 이야기를 조심스럽게 엿듣다가 달빛이 툭 건드리자 놀래어 출렁인다 다행이다 투명한 대문을 밀치고 들어오는 소리들이 함박눈처럼 쌓인다 밤이 따뜻하다 산 밑에 사는 고독을 사랑하는 밤은 내일, 또 내일에 이어질 울음소리 시작과 끝을 알리는 종을 친다 어린자녀야, 너를 위한 소리다 밤이 높고 파랗게 새롭구나

눈을 감고 있으면

눈을 감고 꼭 감고 있으면
깜깜하게 길가에 서 있던 세월이
양쪽으로 비켜서서 길을 내주고
복사꽃 환한 어린 날 발깃하게 달려옵니다

콩노굿 이는 들판에는
명랑한 어린 벼잎 의초롭게[1] 멀리 잦으며
흰더미구름 산봉우리 에둘러
하늘은 더욱 파랗게 새파랗게 높아서
그리움 다북히 총총 뛰이옵니다

나는 어느새 논둑에 앉아 풀피리 입에 물고
초가집 하늘하늘 펼쳐 덮는 굴뚝 연기 바라보며
어머니 밥 지으시고 불러줄 소리에 귀를 기울입니다

암암히 사라진 초록이 여유로운 고운 들길
나는 눈을 감고 꼭 감고서
원어니[2] 깔밋해진 아이의 착한 웃음을
애살포시 고이 품어 어루만집니다

---

1) 화목하게 / 2) 한결의 전남 방언

나는 언제나

-2012년 '초록을 만나다' 동인지에 실림-

하늘을 향하여 열어 놓은
쬐그만 창문을 햇살이 지나가다
빠끔히 들여다보는 아름다운 시간이 되면
괜스레 눈시울 감기는 내 마음 부끄럽게
비 온 뒤 산골 물 순진한 소리 뒹굴 듯
마구 두근거린다

나는 언제나 맑게 설레고 싶다

암암히 눈부신 라일락 오월의 꽃향기와
두렁마다 풀포기 잠재우고 부는 가만한 바람과
아리랑 고갯길 이엉 엮어 놓은 꽃단풍과
열없어 몰래 사박사박 내리는 흰 눈의 새파란 수줍음을
돌절구에 물 묻히며 인절미처럼 곱게 곱게 뒤집고 있다

온종일 나는 깊은 생각에 겨워 많이도 울었다

숨가쁘게 들려오는 윤똑똑이 으깍 울민한[1]소리에
그냥 이유 없이 부끄러워 슬프게 가난한 시인들의 이름을 불러본다
내 연민을 다 바쳐 그 이름 하나하나에 하늘 마음 고이 담아
까끌가끌한 손바닥으로 내일이란 희망을 쓰다듬는다

1) 지나치게 똑똑한 사람들의 의견이 달라서 생기는 답답하고 괴로운 감정의 불화

혼자 가는 길

낙엽이 발목을 잡아당긴다
작은 돌멩이 모습들이
내 나이의 햇수와 날들과 시간을
아우르고 있는 분과 초침의
숫자만큼이나 다양하다

나는 조용히 생각의 문을 열고
들숨과 날숨을 시작했다

돌멩이 사이마다 방들이 만들어지고
낙엽들이 모여앉아 초록으로 살았던 날들과
또 하나의 생명을 잉태하는 일에 대하여
바람의 이야기를 듣고 있다

길옆에 서 있는 나목은
겨우살이에 열중이다

가만히 눈을 크게 뜨고
고개를 들어 살펴보니
하늘, 나무, 바람이
서로의 몸알리[1]되어
의초롭게 잔즐거린다[2]

혼자서 가는 길
그 배경에서 만난 관계의
명랑한 부딪힘, 푸르른 자유다

1) 서로 마음을 알아주는 벗의 순 우리말 / 2) 화목하게 자꾸 웃다 의 순 우리말

빗방울1

아가 재워놓고
저녁 찬거리 사러
시장에 가신 엄마

빗방울
하나,
둘,
후두둑 후두두둑

아기 깨서 울까 봐
맘 급한 엄마
달려오는 소리

빗방울2

상처가 아물어 가는 중이다

참아야 한다 참아야 한다

고름이 다 쏟아져 나올 때까지 이를 악물자

노동의 하루가 고무줄처럼 길게 늘어져있다

믿음

눈으로 볼 수는 없지만
당신을 느낍니다.

당신과 하나 되어
끊임없이 만지고
뼈까지 녹아내려도 좋을
그런 기쁨으로 숨을 쉽니다.

닳아지지 않던 무거운 슬픔을
새가되어 가볍게 날게 하시고
속울음으로 뚫어진 둥지를
섬세히 기워주셨던 날의 기쁨을 기억합니다.

짧은 비명을 지르며 살갗을 뚫고
지구 밖으로 나가 만난
또 다른 나의 죄 없는 얼굴
바로 그 실체의 비밀을 찾아서 오늘도

간절히 바라는 것의 실상이요
보이지 않는 것들에 대한 증거가 되시는 이를 믿는
그 믿음을 향한 나를 품어
사랑의 말씀으로 허기를 채워주셨기에
기꺼이 하늘로 난 길을 가겠습니다.

회한悔恨

어려선
가난이 서러웠다
한 마리 파랑새 되어
보랏빛 꿈을 찾아
훨훨 날고만 싶었다
동산에 올라
이름 모를 무덤가에 기대어
'쌍무지개 뜨는 언덕'
주인공 소녀를 그리고 또 그렸다

나도 누구처럼
뒤바뀐 인생이 되고 싶었다

주름진 세월이
덧없이 흘러간 지금
부끄러운 사유만이
낡은 기억으로 남아
젖은 꽃잎에도 비틀거리게 한다

얼마를 더 살아야
바람이 나에게 무관심할까
참으로 옹색한 변명 하나가
무릎을 일으킨다

기다림

노래하던 새 한 마리
여름 뙤약볕을 물고
산봉우리 넘는 긴-시간

골마다 물결치던
바람 소리 어디로 가고
고독한 산골짜기
쪼그리고 앉은 구름 한 조각

네가 간 길을
그저 바라만 보고 있다

시詩

도라지 꽃송아리같은
해초빛 알갱이를 만지작거리다
제 몸에 감겼던 실타래를 풀어
지친 밤 이부자리로 펴고
잠시 눈을 감고 드러눕는다
눈꺼풀에 무겁게 내려앉은 밤
삶의 무게를 저울질 할 때마다
버려진 종잇조각처럼
시어가 되지 못한 공허한 슬픔의 소리
눈물 없이 저 세상에 계신 아버지
그 침묵에 닿을 수 있을까
아우성치는 장마
내가 바람에 쓸린다

산

-2011년 동인지 '헬레나의 시' 에 실림-

깨진 사금파리에
반사 되어 튕겨 오르듯
푸르게 눈부신 풍경

산 그림자를 밟고 서서
산의 이야기를 듣는
사람이 있다

산다는 것에 대하여
사랑한다는 것에 대하여
그냥 침묵하라고
그냥 바라보기만 하라고
외롭지 않은 인생이
어디 있냐고

시간이 계절을 바꾸듯
흐르는 바람소리
오히려 말이 없어 위대한 자태
뜻밖에 눈이 밝은 세상이
거기 푸르름으로 앉아 있다

모방

소월의 진달래꽃
흑단 빛 고운 머릿결에 꽂고
영랑의 실비단 하늘 바라보면
새악시 볼 빨개지는 부끄럼

윤동주의 참새가 다가와 하루 종일 공부하여도
'짹' 자 한 자 밖에는 못했다고 투정부린다.

막걸리 한사발이면 족했던 삶을 살다 간
천상병의 시들은 노을빛을 닮았다.

김춘수의 꽃을 끌어안고
나의 이름 불러주길 기다리며
그의 꽃이 되고 싶다 눈짓 해 보는데

박재삼의 흥부 부부 웃음살 흐르다
들켜버린 내 마음이 부끄러워 소스라쳐 놀란다.

차라리 목월과 나룻배 타고 강나루 건너가
술 익는 마을마다 머무는 나그네 되고 싶구나.

류시화의 외눈박이 짝사랑은 떠나고
결국은, 나는 혼자라
함께 갈 수 없다는 철학을 꿀꺽 삼키며
먼 나라에서 온 시인 로버트 프로스트
그가 걸어간 노란 숲 속을 따라서 걸어본다.

기 도

임 향한 그리움이
목울대의 현을 잡아당기면
오랫동안 부르지 못했던 이름이
풀빛에 감겨 올라와 눈물이 됩니다

초저녁 텃밭 푸성귀
순한 연둣빛 바람으로 나부끼면
더욱 애절하게 산허리를
붙들고 서 있는 울음 하나가 당신을 부릅니다

반세기를 걸어온 발자국들 말끔히 씻어주시고
도랑에 솜솜한 돌미나리같이
새잎이 돋아나게 하소서.

꿇었던 무릎을 으깨어 두엄에 뿌립니다.
날마다 곰삭은 거름이 되어
임 닮은 꽃을 피우게 하소서.

촛불

깜깜한 밤
네 눈물을 보았다

내 얼굴이
네 얼굴로
흔들릴 때마다
어둠 끝을 태울 것만 같은
열꽃 심지

잎보다 먼저 핀 붉은 꽃이다

독감

몸은 동백처럼 붉고
가쁜 숨소리 바닥으로 가라앉는다
바람이 다녀갔는지
뒤란 대추나무 거꾸로 서서
요란한 춤을 춘다

새털처럼 가벼운 숨소리는
침묵이 높게 쌓인 어둠 속으로
한없이 깊숙이 떨어진다

어머니, 어머니
힘을 다해 저었던 손을 내린다

장독은 정갈하게 가지런하고
햇살은 상긋이 어여쁜데
기침은 눈발처럼 어지럽다

무국적자

-2011년 동인지 '헬레나의 시' 에 실림-

너는 누구니?
나라를 고향을 부모와 형제를 물어오면
고개를 수그린다.

이름은 무엇이었지?
고향에서 보던 하늘은 어디에 있지?
해와 달과 별과 구름은 언제 보았지?
꽃이 핀 것을 언제 보았지?

알몸으로 도시를 헤매어도 부끄러운 줄 몰랐다

너는 누구?
나에게 묻는 순간,
한기가 온몸을 휘감는다
두 손은 차디찬 몸을 껴안는다
뼈만 앙상한 몸뚱이에서 비명이 뚝뚝 떨어진다

어쩌면 말을 잃은 것이 다행이다
어쩌면 생각을 못하는 것이 다행이다

신작로

-2011년 동인지 '헬레나의 시' 실림-

달구지 타고 다니던 신작로
황토 빛으로 물들었다

그 길을 걸으며 구름 속에서 보물찾기도 하고
풀잎을 악보 삼아 노래 부르고
찔레나무 새순 줄기를 먹으며 꿈을 키웠다

그늘 한 점 없는 외길
비가와도 햇볕이 쏟아져도 피할 곳 없는,
그 길에서 하늘의 그림을 보고
바람의 이야기를 들었다

먼 길을 터벅터벅 걸으며
돌부리를 걷어찼지만
길은 끝나지 않았다

세월의 주름을 어루만지며
한참이나 길을 바라보다가
구멍 난 까만 운동화를 꺼내 신는다

길

겨울이 하얗게 내린
마당 끝에 서서
오랫동안, 아주
오랫동안 바라볼 수 있을 때까지
하나의 길을 찾고 있었습니다.

아버지와 함께 걸었던 길,
그 길은 이제 솔가지에서 떨어진
눈이 되어 녹아버렸습니다.

남아 있는 건
작은 불씨를 숨겨놓고
어린 가슴을 지켜야할 이유가 되었던
허기진 어머니와 아우들뿐 이었습니다.

열세 살에 잃은 아버지
아무도 되돌아 온 적이 없는 하얀 길
그 길을 혼자 걸으면서
뒤쳐진 인연이 밉도록 싫었습니다.

실오라기 하나 걸치지 않은 알몸으로
하얀 겨울을 걸어가다 만난 햇살 앞에서
부끄러워 피가 나도록 삶을 물어야했습니다.

큰 눈을 더욱 크게 뜨고
또바기 걸음으로 또렷하게
내일을 향해 걸었습니다. 발자국이 한길이 되도록

그리고 훗날 아버지 무덤 앞에서
이 길에 대해 이야기하렵니다
햇살에 베인 아픔이 눈부시도록 어여쁜 옹이가 되었다고

고독

바다 위를 헤엄치던 어둠
정적을 베고 눕는다

검푸른 입맞춤이
물밑으로 가라앉는다

별들의 이야기가 들린다
바람이 걸어가는 소리가 들린다

바다의 혀끝에서 새어나오는 숨소리
전율과 떨림의 오열

그 슬픈 세레나데

돌림쟁이[1)]

- 2011년 동인지 '헬레나의 시' 에 실림 -

햇살에 반짝거리던 너는
시샘에 겨운 동무들
하얗게 눈을 흘겨도 꽃을 피웠지

네 가슴에 강물이 흐르고 있다는 것을
지나가던 바람은 알았지
너는 구름을 불러 무동을 태우고
새들에게 노래를 주었지

하지만 늘 혼자였어
구름은 흘러가고 새들이 떠나가도
늘 그 자리에서 기다리고 있었지

어느 날,
달개비꽃물 같은 꽃망울들이
조랑조랑 피어나고

너는
가지 많은 나무가 되어
새들의 둥지가 되어 주고
바람의 의자가 되어 주고
이제 그네가 되었지

---

1) 남들에게 따돌림을 받는 사람을 흔하게 이르는 말.

연서

오래도록 당신을 사랑했습니다.
당신은 무심히 지나친 세월이겠지만
그 많은 날들을 잊을 수가 없습니다.

날마다 당신과 만나는 꿈을 꾸면서
기지개를 켰던 날
밤마다 등잔불 아래서 연필심에 침을 묻혀가며
그리운 마음을 썼던 날

스치는 바람소리 당신인가 부끄러워
옷깃을 여몄고
구름 한 조각 그늘로 져도 수줍어
고개를 들지 못했습니다.

이제는 세월에 그을은 얼굴
볏짚 같은 마른 주름을 끌어안고
반백을 넘어 살아 온 시간
당신을 사랑한 이야기가
아픈 침묵 속에
꽃으로 피어남을 봅니다

잔뜩 주름졌던 시간
푸르름의 향기를 잃고
소심하기만 했던 마음은
천둥치는 밤같이 조마롭습니다.

당신을 향한 마음 하나로
당신을 만날 수 있다는 소망으로
서러운 날을 등에 업고 다녔습니다.
이제
그 애잔한 소망이 봄 순恂으로 돋아나
하늘을 향한 마음

내 나이가 그믐이 되어
달이 기울어질 때까지
시,
당신을 향하여
내 몸의 물기를 말리겠습니다.

사진첩

빛바랜 시간이
원망으로 얼룩지고
가난했던 흑백 무늬에
곰팡이가 피었다

겁먹은 듯 눈이 큰 아이가
자꾸만 쳐다본다
어디선가 본 듯하다

잊지 않겠다고
입맞추던 날이
새삼 서럽게 밀려온다

청춘은 가고
약속도 희미해진
바싹 마른 웃음이
장마철 벽지처럼 젖어 있다

회한으로 끌어안은
저 편 기억 속

낯설은 얼굴에게서
주름진 슬픔이
낮은 비명으로 들려온다

그리움

바싹 여윈 바람
옷깃을 헤치고
매섭게 눕더니
가슴을 할퀴며
서럽게 흐느낀다.

울음은 너울 되어
하얗게 흔들거리고
엉켜버린 미련
창백하게 울렁인다.

간신히 돌아누운 속울음
아, 아궁이 속에나 던져질
꽃빛 몸살이여!

소년

-2010년 서정문학 17호에 실림-

한여름
들판을 서성이던 바람
연둣빛 미소를 짓고

질경이 가득한
논둑길에 서서
어린 벼포기를 만지던
소년아

휘-익 휘파람 소리에
벼꽃 가루는 놀라고
찰랑이는 논배미마다
황금빛 햇살 하얀 가르마를
그려 놓는데

소년은
파랑새 되어 날아가 버렸다

추억

-2017년 한국문학정신 43호에 실림-

먹장구름 사이를 비집고
자라자란 걸어 나와

여윈 햇살이 물결치는
호젓한 풀밭에
다소곳이
그저 얼마동안 앉아 있다가

어떤 약속도 아니 남기고
가뭇없이 사라진 여우별이
눈시울 사이사이 감치는
서럽게 얄미운 이름 하나

편지

1

만날 수 없어서
가슴이 저리더니,

사연은 점점이
화선지위에 먹물로 남는다

바람에 떨어지지 않도록
마음에 우표를 붙인다

2

하루해가 숨이 차도록 길다

마침내 언덕을 내려오는 우체부 자전거소리에
기다림이 먼저 문턱을 넘는다

기다림으로 가득 찬 이야기
아직도 울밑에 함박눈처럼 소담하고
홍시처럼 붉다

고우孤雨

내가 가진 것은 눈물뿐
소리를 죽이고 흐느끼다가
허름한 여관방에서
흥건히 젖은 속살을 드러내고
당신의 팔베개에 누워
평안히 눈을 감는다

잘 수 있다는 행복에
부끄러움을 애써 지우며
쓸쓸한 알몸을 누이고
젖은 밤을 말리는 중, 쉿!

맛문한[1] 몸이 초근하게
기지개를 켜다가
시린 불빛에 베여
아팠지, 이젠 괜찮아
내일이잖아

1) 몹시 지쳐있다

동행

삼백 년을 오로지
당신과 함께 한
야렛의 아들 에녹이
들림 받았던 것처럼

당신의 은혜로
일백이십 년 동안
보이지 않는 언약을 믿고
방주를 지은 라멕의 아들 노아처럼

그렇게 살고 싶어서

이제사
함께 가는 발맞춤을 배우며
넘어져서는 주저앉고
투정을 부리다가 다시 일어나
당신의 손을 잡고

멋쩍어 당신에게
눈웃음치며 입 삐죽거리는
아직은 어린아이 같은
걸음으로 당신을 바라봅니다

□ 해설

우리말 시어의 놀라운 감동

– 최옥근 시집 『삐리기』를 중심으로 –

홍 문 표
(문학박사 • 시인 • 명지대명예교수)

청백 최옥근 시인이 이번에 첫 시집 『삐리기』를 상재하게 되었다.

척박한 시대에 시를 사랑하고 시를 쓴다는 것이 얼마나 행복한 일인가. 더구나 아름답고 진실한 시의 언어를 통하여 독자의 마음을 흔드는 시를 만나는 일은 얼마나 반가운 일인가. 한 때는 문학을 삶의 위안거리로 생각한 일이 있었다. 낮에는 고된 노동의 하루를 보냈지만 달이 뜨고, 별이 반짝이는 밤이면, 재미있는 사랑 이야기를 읽고, 아름다운 시를 읽는 것이 지친 삶을 위로하는 데는 더 할 나위 없는 위로가 되었기 때문이다. 그러나, 물질과 기술이 판을 치는 세상에 이르면서 시는 마치 여름날 그늘에서 노래나 부르는 베짱이 정도로 취급하기 시작했다. 시는 아주 비생산적이고 세상 물정 모르는 어리석은 것으로 생각하게 된 것이다. 그도 그럴 것이 현대는 돈과 기술문명이 모든 것을 가능케 하는 요술방망이로 알고 있기 때문이다. 그러나 정말 그럴까. 현재가 과거보다 달라진 것이 사실이다. 그러나 달라졌다는 것이 인간이 더 행복하고 만족하게 되었다는 뜻은 아니다. 왜냐하면, 행복이니 만족이니 하는 것은 인간의 무한한 그 욕망의 항아리를 채워야 하는데 불행하게도 그 항아리는 밑 빠진 것이어서 부어도 부어도 결핍을 느끼는 것이 욕망의 속성이고 인간 실존이기 때문이다. 따라서 문명이 발달하면 할수록 욕망의 크기도 더욱 확대되어 결국 문명의 뒤안길엔 언제나 결핍과 허무의 심연만 있는 것이다.

그렇다면 이제 생각을 바꾸어야 한다. 물질과 기술만으로는 결코 삶의 행복이 보장되지 않는다는 깨달음이 있어야 하고 그러한 반성과 자각이 있을 때 진정 온전한 삶이 시작된다는 것을 알아야 한다. 이성과 감성의 조화, 지식과 예술의 조화가 온전한 삶을, 물신주의가 빚은 불균형, 삶의 반신불수라는 불행에서 벗어날 수 있다. 그러한 의미에서 시는 이제 삶의 위안거리가 아니라 무의미하고 절망적인 삶에서 의미 있고, 희망 있는 삶으로 인간을 이끄는 구원의 목소리, 보다 진지하고 아름다운 삶을 예언하는 치유의 음성이 되고 있는 것이다. 그래서 요즘은 문학을 구제의 문학 또는 치유의 문학이라고 한다. 최근 대체의학으로 각광을 받고 있는 것이 포에트리 테라피(poetry therapy), 시 치료다. 시는 이제 마음을 위로하는 단계에서 절망적인 인간을 구원하고, 영적으로 육적으로 병든 상처를 치유하는 의학적 기능까지 담당하고 있음을 알게 된다.

최근에 시인들이 많다고 한다. 시인이 많다는 것은 좋은 일이다. 전 국민이 시인이 된다면 그것이 바로 시인 공화국이다. 과거 플라톤이 철인 공화국을 꿈꾸었고, 그래서 얻은 것은 오히려 분열과 허무의 세상을 만든 것이었다면 이제는 시인 공화국을 통하여 분열에서 화합으로, 허무에서 희망으로 새 하늘과 새 땅을 만드는 창조적 역사가 있어야 하겠다. 그러나 문제는 시인의 양이 아니라 시인의 질이고, 궁극적으로는 작품의 예술성, 작품의 작품성이다. 더 좋은 작품을 쓰는 시인이 많아야 더 좋은 세상이 되고 더 풍요롭고 행복해 질 수 있기 때문이다.

이러한 전제에서 청백 최옥근 시인의 이번 시집 『삐리기』를 보게 되는 것은 그가 얼마나 구원의 시학으로, 치유의 시학으로, 그리고 질적 수월성으로 우리에게 다가오는 시적 메시지인가를 호기심 있게 바라보게 되는 것이다. 우선 시집 제목부터가 생경한 충격을 준다. 첫 시집인데도 제목부터가 심상치 않다. 『삐리기』, 아무리 읽어 봐도 생소한 제목이다. 그래서 시집에 있는 『삐리기』 작품을 보았다.

우리 집 뒷산 풀이 연한 무덤에는
달짝지근하게 배동오른 삐리기가 많아
한 나절 해동무 구름결 사이로 머뭇거리고
금오산 자락의 옛 그리운 소년은
멀리 자울자울 불서러운 고개만 끄덕입니다

흘러가는 하늘의 구름을 따라서
마안히 뉘누리 감쳐도는 눈시울
삐리기 하얀 속살을 입 안 가득히 물고
산꽃같이 그리운 나의 소년 봄 이야기를
맘 곱게 들어 달라 서리서리 뿌리옵니다

–「삐리기」 전문

우선 생소한 제목 「빼리기」에 대한 의혹을 풀어야 겠다. 빼리기는 시인이 삘기의 경기 방언이라고 각주를 달았고 삘기는 띠의 새로 돋아나는 이삭이란 설명을 첨부했다. 따라서 빼리기는 삘기의 방언이라는 것이고 그것이 새로 돋아나는 이삭이라는 것을 확인할 수 있었다. 다행히 주를 달았기 망정이지 그렇지 않았다면 빼리기는 영영 미궁의 신비로운 시어로 남을 뻔했다.

여기서 문제가 제기될 수 있다. 이렇게 생소한 시어를 시에 사용할 수 있는가 일 것이다. 시는 시인에 의해 각종의 시어를 구사하여 창조하는 언어예술이다. 이때 구사되는 시어는 시인의 예술적 상상력에 의하여 언어가 선택되고 결합하는데 이때 선택되는 언어는 기존의 일상어가 상식이지만 특수한 언어를 사용할 수 있다. 예컨대 시인 이상의 경우는 아라비아 숫자나, 거꾸로 쓴 글자도 있었다. 시에 있어서 문자란 시적 상상력을 드러내기 위한 매개체인 만큼, 그것은 기존문자일 수 있고, 매개적 기능을 지닌 어떤 기호(sign)를 사용할 수도 있는 것이다.

그러나 최 시인이 이번 시집에서 사용한 생경한 시어들은 그것이 기존의 문자를 배제한 것이 아니라, 기존의 문자를 원칙으로 하되 표준어만 사용한 것이 아니라 사투리를 쓴 것이고, 또 하나는 숨겨진 우리들의 고유어를 발굴하여 이를 과감하게 사용했다는 점이다. 시어에서 사투리를 사용하는 것은 시의 예술성뿐만 아니라 정감을 돋구는 방법이기도 하다. 이 점은 우리 시사에서 널리 알려진 김소월의 시에서 그 성공을 확인한 바 있다. 따라서 빼리기가 삘기의 사투리라는데 문제가 될 수 없다. 오히려 색다른 정감을 느끼게 하는 발상이 된다. 사실 우리는 빼리기만 생소한 것이 아니라 삘기도 생소하다. 그러나 뜻을 알고 보면 삘기라는 시어가 얼마나 우리들 중년 이상의 세대들, 특히 농촌 태생의 세대들에게는 아련하고 아름다운 추억의 시어가 되고 있는지를 알아야 한다. 경기도 지방에서는 삐리기라 했지만, 필자의 고향인 충청도에서는 이를 삐비라 했는데 봄철, 춘궁기, 가난했던 어린 시절, 들녘의 언덕길을 달리며 그곳에 돋아난 띠의 새순 삘기를 한 주먹씩 뽑아서 까먹던 시절이 생생해진다. 따라서 삘기에는 우리들의 어린 시절이 있고, 농촌이 있고, 소꿉놀이 친구가 있고, 가난했던 추억이 있다.

그런데 이번 시집 『삐리기』는 이처럼 생소한 사투리만을 사용한 것이 아니라 우리의 순전한 고유어를 발굴하여 기존 시들이 갖는 일상어의 분위기와는 전혀 다른 시적 분위기를 창조하고 있는 것이다. 이는 「삐리기」에서 배동오른, 자울자울 마안, 뉘누리, 감쳐도는, 얼마나 아름답고 신기한 시어들인가. 이런 현상은 이번 시집 전체에서 볼 수 있는 놀랍고 신기한 사건이다.

논둑길을 걸어서
새벽이슬을 맞으며 온 아이야

외시골 창호지 문구멍으로
반듯하게 밝아오는 갓밝이에
가슴이 우릿하여
와뜰 눈을 비빈 아이야
잉큼잉큼 가슴 뛰놀리며 달려온 너는
흰여울 같은 숨을 할딱이는구나

어린아이치고는 큰 아이들이
일부러 야당스럽게
이를 악물고 을근거려도
너의 타고난 맑고 고운 마음은
큰 눈에 스스로 고인 눈물만
달래어 품는구나

네 날을 바라보는 내 마음은
부심이를 입고 나들이 가던 봄날처럼
발걸음은 욜그랑살그랑 거려지고
얼굴은 산꽃처럼 발그레하게 달아오른다

어여쁜 아이야
나는 너를 번쩍 안아 올려서
무등을 태워 들바다를 달리고 싶다

어머니가 저녁을 짓는 때
아버지는 소에게 여물을 먹이고
오래뜰에 앉아 아우들과
어우렁더우렁 놀고 있는 너를 바라본다

구실에서 태어나고 자란 아이야
너는 외시골 산꼭대기 예배당 종소리처럼
분명히 하늘이 아껴 사랑하는 갓맑은 시인이 될 것이다

– 「구실아이」 전문

두 팔을 크게 벌립니다
푸르렀던 계절이
색동웃음을 띠고 다가옵니다

어머니 따라
뒤란으로 들어 온 햇살이
비워있는 항아리마다
산내들의 익은 향기를
차곡차곡 담습니다

차깔스럽게 굳어있던 마음
부끄러움에 홍시처럼 붉습니다

가을 빛 풍성한 화관이
어머니 머리위에서 차랑거립니다.

–「가을 빛」 전문

시집 벽두부터 당혹감을 느끼는 것은 바로 작품 「구실아이」를 만나고부터다. 인용에서 보듯이 이 시는 작품 왼쪽에 작은 글씨로 시어에 대한 주를 무려 여덟 곳이나 달았다. 우선 시 제목 「구실아이」에서 구실이란 시어는 벽동의 옛 지명이라고 했다. 그리고는 시 본문에서 일곱 곳에 주를 달고 있는데, '우릿하여', 진한 감동을 느끼다, '와뜰' 깜짝놀라, '잉큼잉큼', 가슴이 가볍게 자꾸 뛰는 모양 등의 주가 그것이다. 그런데 이 시의 두 번째 연을 다시 적어 보면 "외시골 창호지 문구멍으로/ 반듯하게 밝아오는 갓밝이에/ 가슴이 우릿하여/ 와뜰 눈을 비빈 아이야/ 잉큼잉큼 가슴 뛰놀리며 달려온 너는/ 흰 여울같은 숨을 할딱이는 구나" 이 구절을 보면 주를 단 시어 외에도, 우리에게 생소한 시어는 우선 외시골, 먼 시골, 갓밝이, 날이 막 샐 무렵, 여명 등의 시어들도 일반적으로는 보기 어려운 시어들이다. 그런데 그 해석을 보고 읽으면 오히려 신선감 마저 주고 있다. 먼 시골 보다, '외시골' 날이 샐 무렵이니 한자어 여명이니 하는 말보다 '갓밝이'란 말이 얼마나 정감 있는가.

이들 시를 보면 우리는 시 뿐만 아니라 일상의 언어에서도 너무나 정감 있고, 순수하고 고유한 우리말들이 사실은 사전에서만 잠자고 있는 것을 알 수 있다. 이러한 시어들을 되살려 활용할 때 그만큼 우리말도 풍부해지고, 우리의 시도 더욱 기름질 것이다. 사실 한 나라의 문화나 사상의 척도는 그 민족이 얼마나 풍부한 어휘를 가지고 있고 그런 어휘들을 얼마나 잘 활용하는 가에 있다고 한다. 우리가 괴테나 셰익스피어 문학을 존경하는 것도 바로 그들의 풍부한 어휘력 때문이다. 이를 생각한다면 이번 최시인이 시도한 우리의 순수한 고유어나 사투리를 시어로 과감히 사용한 것은 난해하거나 생소한 것이 아니라 그의 시어에 대한 풍부성은 물론 우리들 모두에게 우리말 사용에 대한 각성을 촉구하는 것이라 할 수 있다.

이번 시집에서는 지나치게 생소한 것들은 친절하게 각주를 달았다. 그러나 무작위로 선택한 각주가 없는 시도 그의 시어 구사는 여전히 순수한 우리말의 사용이며 그에게는 그것이 고의가 아니라 극히 자유로운 경지라는데 놀라움을 금치 못한다. 「가을비」를 보면 "어머니 따라 뒤란(집 뒤 울안)으로 들어온 햇살이/ 비워 있는 항아리마다/ 산내들의 익은 향기를 차곡차곡 담습니다. 차깔스럽게(문을 굳게 잠가 두듯이) 굳어 있던 마음/ 부끄러움에 홍시처럼 붉습니다// 가을 빛 풍성한 화관이/ 어머니 머리위에서 차랑거립니다(자랑거리다의 강세어)"와 같이 그에게 있어서 고유한 순우리말의 사용은 극히 일상적이다. 그만큼 그의 시는 다양한 사투리 순수한 우리의 고유어를 구사하여 우리시의 지평을 넓히고 풍부하고 정감이 넘치는 시의 세계를 창조하고 있다.

그러나 최 시인이 이번 시집에서 보여주는 시적 상상력은 단지 사투리나 순수한 우리말의 다양한 구사로만 끝나지 않는다. 바로 의성어와 의태어의 다양한 구사도 놀라웁다. 이는 그가 동시에도 뛰어난 능력을 보이는 것과 무관하지 않겠지만, 일반 자유시에서도 그는 유감없이 개성 넘치는 의성어와 의태어를 사용하여 시의 지평을 넓히고 있다.

가을 끝자락 붙잡고 서 있는 바람
조릿조릿 어쩔 줄 모른다

햇살은 노란 솔잎을 두드리며
주섬주섬 일어선다

－「솔가리」에서

새하얀 웃음이
살포시 감도는 날

초록빛 바람 아삭아삭
나뭇잎 밟는 소리가
상쾌하다

아가 보올 닮은 햇살
앙증앙증 뒤따라오다
그만 보랏빛 그늘에 넘어져
잉잉대며 엄살부린다

아빠나무 무동 타고 놀던
산새, 까르르 까르르 재미있단다

-「숲길」 전문

인용한 「솔가리」의 일부를 보면 이 시는 어린이를 위한 동시가 아니라 일반 자유시다. '가을 끝자락 붙잡고 서 있는 바람' 이란 시적 표현은 어린이의 상상적 영역을 벗어나고 있기 때문이다. 그러한 바람이 조릿조릿 어쩔할 줄을 모른단다. 여기 조릿조릿은 조바심이 나고 초조한 모양을 말하는 것으로 가을 끝자락을 붙잡고 있는 바람으로서는 너무나 당연한 것이다. 햇살이 주섬주섬 일어선다는 표현도 재미있다. 주섬주섬은 여기 저기 흩어진 것들을 거두는 것이니 결국 햇살들이 이제 가을걷이를 하고 일어서는 것이다. 「숲길」에서는 '초록빛 바람 아삭 아삭' 은 시각과 청각으로 공감각을 형성한다. "아가 보올 닮은 햇살/ 앙증앙증 뒤따라오다" 는 아가의 햇살과 앙증앙증이 조화를 이루어 더욱 현실감 있다. '까르르 까르르' 의 의성어도 실감이 난다.

이처럼 최 시인의 이번 시집이 드러내고 있는 가장 주목되는 화두는 순수 우리말의 발굴과 실험을 통한 새로운 한국적 시학을 실험하는 것이다. 그러나 이 시집이 보여주고 있는 또 다른 세계는 시가 추구하는 기본적인 미학과 화해의 시 정신이다. 우리는 이 시집에서 생경한 고유어 때문에 자칫 최 시인의 기본적인 시적 미학이나 시 정신을 놓칠 수 있다. 시는 일상적인 현실을 그대로 반영하는 것이 아니라 일상의 세계를 해체하고 시적 상상력을 통해 새로운 미학적 세계를 창조하는 것이다. 그리고 이러한 미학은 사물의 일상적인 관계를 메타포(metaphore)를 통해 새로운 세계를 구축하는 것이다. 거기에 창조가 있고, 자유가 있고, 구원이 있다. 시인의 위상은 바로 이러한 상상력의 거리조정이 얼마나 적절한가에 그 우열이 논의되기도 한다. 그렇다면 최 시인의 시적 미학, 그 메타포를 확인해 보자.

세월을 돌아서서 달려가
고향 냇가에 발을 담그고
오봉산을 바라봅니다.

툇마루에 앉아 곰방대 문
외할머니 이야기 구름이 되고
지게 지고 논둑 길 걸어오는
아버지 걸음 냇물이 되어 흐릅니다.

토끼풀이 사이도 좋게
햇빛을 나눠 먹는 모습은
여름날 멍석 위에 앉아
수제비 먹는 옥이와 동생 같습니다.

어머니 아카시아 꽃이 되어
오봉산 꼭대기에서 손을 흔듭니다.

–「길가에 앉아서」 전문

별빛이 한 움큼씩 떨어지는 밤
귀뚜라미 별 주워 먹는 소리에
뜰이 환하다

어머니 흰 고무신
곤히 잠든 아이를 지키고
솔빛 두른 푸른 바람
뒤꿈치를 들고 지나간다

툇마루에 쪼그리고 앉아
배부른 하품을 하던 보름달
슬며시 대추나무에 기대어 코를 곤다
휘청, 달빛에 가지가 휘어진다

–「가을밤」 전문

깜깜한 밤
네 눈물을 보았다

내 얼굴이
네 얼굴로
흔들릴 때마다
어둠 끝을 태울 것만 같은
열꽃 심지

잎보다 먼저 핀 붉은 꽃이다

–「촛불」 전문

바다 위를 헤엄치던 어둠
정적을 베고 눕는다

검푸른 입맞춤이
물밑으로 가라앉는다

별들의 이야기가 들린다
바람이 걸어가는 소리가 들린다

바다의 혀끝에서 새어나오는 숨소리
전율과 떨림의 오열

그 슬픈 세레나데

－「고독」 전문

최 시인의 시적 상상력은 유년기의 고향, 거기엔 냇물이 있고, 꽃이 있고, 산새와 아카시아 숲이 있고, 오봉산도 있다. 그곳에는 외가가 있고, 아버지와 어머니와 옥이가 있는 곳이기도 하다. 그뿐인가. 하늘엔 구름이 있고, 햇빛도 있다. 이러한 재료들이 시인의 상상력으로 재구성되어 「길가에 앉아서」가 탄생하게 되는데 그 재구성의 방법에 최 시인의 세련된 비결이 있다. 이 시의 셋째 연에 "토끼풀이 사이도 좋게/ 햇빛을 나눠 먹는 모습은" 에서 볼 수 있듯이 시인은 토끼풀이 햇빛을 나눠 먹는다고 했다. 과학과 시의 차이를 보여주는 대목이고, 최 시인만이 구사할 수 있는 시적 상상력이다. 이는 마지막 연 "어머니가 아카시아 꽃이 되어/ 오봉산 꼭대기에서 손을 흔듭니다" 에서도 볼 수 있는 상상력의 세계다.

이는 「가을밤」에서 더욱 발전하고 심화되는 모습을 보인다. "별빛이 한 움큼씩 떨어지는 밤" 이라 했다. "귀뚜라미 별 주워 먹는 소리에 뜰이 환하다" 했다. 바로 환상적인 자연공간이다. 그러한 공간에 어머니 흰 고무신이 곤히 잠든 아이를 지키고 푸른 바람이 뒤꿈치를 들고 지나간다고 했다. 거기에 보름달의 등장도 환상적이다. 툇마루에 쪼그리고 앉아 배부른 하품을 하던 보름달이라는 것이다. 그런데 그 보름달이 대추나무에 기대어 코를 곤다고 했다. 일반적으로 달과 나무의 관계를 표현할 때 대개는 '나뭇가지에 걸린 달' 정도다. 그런데 여기서는 "나무에 기대어 코를 고는 달'이라 했다. 거기다가 마지막에는 달빛에 가지가 휘어진다는 상상력이고 보면 최 시인의 시에서는 자연과 인간, 우주와 자연이 과학적으로 구별되는 것이 아니라 모두가 가족이 되고, 변질이 되고, 새로운 상상의 공간이 된다. 그러한 상상력의 시학은 「촛불」에서도 잘 드러나고 있다. "내 얼굴이/ 네 얼굴로/ 흔들릴 때마다/ 어둠 끝을 태울 것만 같은/ 열꽃 심지" 나와 촛불을 동일시하면서 내 삶의 의미를 새롭게 다짐하는 것이다. 「고독」에 대한 시적 상상력도 철저하고 치밀하다. 고독의 감정을 바다로 설정했고, 어둠도 이 정적으로 마침내 해저로 내려가는 상상은 고독의 속성이 얼마나 치밀하게 천착되고 있는 가를 보게 된다.

이상에서 살펴보았듯이 이번 최옥근 시인의 시집 「삐리기」는 우리의 고유한 언어들을 시적 언어로 과감히 활용하여 더욱 감동을 주고 있으며 우리 시학의 새로운 지평을 넓히는 계기를 만들었다. 뿐만 아니라 고향과 가족과 유년을 뿌리로 하면서 자연과 인간과 신이 함께 어우러지는 물심일여 물아일체의 경지는 그가 이룩한 가장 아름답고 빛나는 시적미학이라 하겠다.

청백 최옥근 시집

삐리기

2012년 11월 28일 인쇄
2012년 11월 30일 발행

지은이 최 옥 근
펴낸이 신 용 호
펴낸곳 창조문학사

서울 서대문구 홍은동 397-26 동천아카데미 5층
등록번호 제1-263호
전화 02-374-9011 / FAX 02-374-5217

공급처: 한국출판협동조합 전화 02-716-5619~9

값 8,000원
ISBN 978-89-7734-331-3